天の祟り「霊障」が「戦争依存症」であることを村山政太郎が命名した。

・国連で戦争しない議論をお願いする。戦争は簡単になくなる。人としての根幹を学べ。
・国会議員に信用と信頼あれば、裏献金も汚れた黒いカネも黒塗りの公文書もなくなる。
・小池都知事当選。自公政権犯罪生き残れない。生きるために小池に投票しただけの策。
・米仏、英国の歴史も政治も道徳も忘れた独裁者の戦争、分断難民移住させた悪政権者。
・白人が地球人を好き勝手に牛耳った罪の異常気象で死滅。本書で天が悪白人に教えた。
・米国米軍の世界リードは悪策。戦争なくならない。悲劇だけ大宇宙への道開かない。

「戦争依存症」白人が先住民（神の子）を殺害し
土地を奪い取った大罪が天の（霊障）。
この霊障により「戦争依存症」になり戦争しないでいられない悪魔になった。
この悪魔は低次元だから未だに悪魔の霊障者は
ハリケーン、大地震、天変地異に勝てない。
この霊障は人間の肉眼に見えない、
見える形にしたのが（重大2）と（重3）の現場写真参照。

「霊障写真」詳しくは124ページ参照。

はじめに

自民党の「政治とカネの事件」は「信頼と信用あれば当選できるからカネは要らない」。政権与党が特定の人に還元しているから裏金の闇金を貰っているのです。自民党は政治資金規正法に真剣に取り組まないから政権交代しかない。自民党議員の片山さつき氏がＢＳ・ＴＢＳ報道１９３０での発言。総理は嘘を吐いても良いとの発言をした。頭がおかしい発言。

自民党議員は「献金者のプライバシーを守らなければならないと強調した」。この心理は闇献金を貰うのが当然だと発言しているのです。自民党は献金を貰うことを当然として正当化し名前を出せないと威張り腐っていることが犯罪行為です。政権交代するしか道がない。

自民党議員は詐欺依存症の獣人。悪い事をやりすぎた、国民のことを考えないで、自分の生き残りだけを考えてきた。だから少子化なのだ。危険な心の政党は要らない。未来発展できる環境までブッ壊した。だから悪い事をするな。国民の生活を考えるのが政治家です。

嘘は泥棒の始まり、お金の値打ちが紙切れになった。嘘は泥棒であり益々経済崩壊する。

第二次世界大戦から始まり。A級戦犯の岸信介氏の政治犯罪、孫の安倍晋三から泥棒が酷くなり、モリカケ桜、日本学術会議の推薦学者拒否、アベノミクス失敗で益々経済崩壊中、円安を止められない。この現象は自民党が国民の首を絞めつけています。検証必須。

国民の皆さんは物価高騰中であり、困窮生活大丈夫？　我慢できますか？　大丈夫か？

この世の先に「永遠の大宇宙に別天天国」と「死後一生困窮する地獄」がある。

人間はたえず何かを考える獣、楽もあり、絶望もある。人間はこの地球で肉体必ず死ぬ、善人は別天天国に行く、悪人は地獄に落ちる。（人は肉体死後から本物の人生始まる）。

貴方は何のために生きているのですか？　人間なら正しい目的を持って生きること。

政治家は何のために戦争する準備をするのか？　どうして戦争しない議論をしない

のか？

戦争に勝利してどのような生活をしたいのか？　戦争して絶対に幸せになれない。

地球の獣人は地獄で死ぬ運命なのです。善人だけが大宇宙の別天天国に帰天できます。

「霊障」人を殺すと祟られて霊障者になり地獄に落される。天の声。

●「運命」とは、人の力ではどうにもならない物事のめぐりあわせがその人の境遇が運命。

●「人として正しく生きるにはどうすればよいのか？」嘘を言わない、騙さない、約束を守ること。ギャンブル、アルコール、詐欺、戦争等の依存症の病気にならないこと。

●「真理」とは、悪い事をしたと思ったならば、反省し、謝罪し、償うことが大事。但し、謝罪も賠償も償いは相手と双方が納得解決成立した内容の根幹が真心。この全てが真理。

●安倍晋三元総理の「回顧録」には真理がありません。戦争詐欺依存症の悪人でした。

・北朝鮮による拉致問題と横田滋氏の死去。安倍晋三氏の回顧録の原文を次に載せた。

聞き手の文面によれば「安倍さんが秘書時代を含めて最も尽力したことが**拉致被害者の「救出」**だと思うとの記録がある。自社さ政権（自由民主党・日本社会党・新党さきがけによる連立政権）が１９７５年、人道的観点からだとして北朝鮮に有償35万トン、無償15万トンのコメ支援を行いましたが、横田さんはこの時、自民党本部前で反対運動を繰り広げていました。私（晋三）は横田さんに「申し訳なかった」と謝りに行きましたが、汗をかきながら一生懸命運動している横田氏の姿を見たから。私（晋三）が北朝鮮への経済支援をして拉致問題の解決に反対した。被災者家族の必死の活動を見てきたからです」との文面。

安倍晋三氏の右の回顧録には戦争し「救出する文言だけ」交渉解決する交渉の話し合いは一度もなかった。戦争して救出することを考えただけ。拉致家族は騙され続けたのです。

北朝鮮人を日本が植民地にし、戦前から戦時中も徴用工にし強制的に使ってきただけ。

晋三は経済制裁したのに反省も謝罪も賠償も償いもしないから、北朝鮮が日本人を拉致したのです。**これ位分かる人になれ。**政治とカネで分かったと思う、**自民議員はカネ依存症の病人、カネがないと駄目な依存症だから改善不可能。だから抜け道を作ったのです。**

〔安倍晋三は戦争詐欺依存症。拉致問題解決策は北朝鮮と戦争して救出する悪策だけ〕。

・晋三は拉致被害者を助ける気持ちはサラサラなかった、ガラガラポンの戦争だけ。

安倍晋三は最初から**北朝鮮と戦争して拉致被害者を「救出」**したい気持ちだけの**晋三氏の本心。**拉致問題を絶対に解決したくない。北朝鮮と交渉するとA級戦**犯岸信介の犯罪が明かになるから交渉できない悪い人が安倍晋三。そもそも拉致問題を解決したくないから、帰国した、地村さん、蓮池さん家族等のことを回顧録に一切書いていない。安倍晋三の悪い気持ち分るでしょう。あの時「自社さ」が、無償15万トンの米、有償30万トンの米で交渉したから帰国できた。ブッ壊したのが安倍晋三。（政権交代すれば拉致問題解決可能）。**

日米と一緒になり北朝鮮と戦争して拉致被害者を「救出したい気持だけの安倍晋三」。

悪の萩生田氏たちが、安倍元首相と岸田総理の密約を知っているから岸田総理は晋三の悪策を変更すること不可能。（日本国が繁栄するには政権交代の道しかない）のです。

戦争しないで北朝鮮と拉致解決交渉をするとA級戦犯の岸信介の政治犯罪と文鮮明、統一教会との闇取引罪や政治犯罪まで明かになるから、北朝鮮との拉致交渉の議論ができないのです。議論や交渉するとA級戦犯の岸信介の政治犯罪と統一教会、文鮮明との癒着と結託まで明らかになる、晋三には北朝鮮と戦争する道しかなかった。議員にもなれなかった人。

今回の岸田政権も拉致被害者を助けるふりをしただけ。米に依頼したなら大金取られる。

岸田総理も安倍晋三総理の戦争政策と変わりない、頭を使え。北朝鮮と戦争して政治犯罪を永遠に隠蔽するためにガラガラポンにするための戦争する策略は馬鹿がやる悪策だよ。

安倍晋三氏は拉致問題解決する交渉するような振りをしただけの陰謀論者だったの

です。

これまでに北朝鮮との拉致問題解決に真剣ではなかった。一度も真剣に交渉することなく長引かせただけの孫の安倍晋三総理。回顧録に、「被災者家族の必死の活動を見てきたからです」。訳の分からない、交渉も平和も実現不可能な戦争し救出する夢物語を書いていた。

このような人が、自由主義者なのです。戦争できる法律と大量破壊兵器が欲しいのですから、防衛費、四十三兆円では足りないと戦争議員が言っているのです。

自公政権も維新も国民党も戦争法案と大量破壊兵器が欲しい議論を国会でやり続けてきたから、日本国民はお金も目減りしたし政情が不安になり国民の心まで冷え切ったから「**少子化なのだ**」政治家の責任だよ、政治家の**頭脳が足らないから、「少子化なのです**」。

ですから心の勉強が必要です。

本書、74ページ（**重大4**）**絵図、真理・「全体の総論理想の実現学」と「各論理想の実現学を学べ**」。

安倍晋三は次元の低い戦争屋。一貫性ない転がり回り怪我する、危険な**各論者です。**

拉致被害者の第一条件「拉致問題を解決すること」でしょう。晋三氏は頭がおかし

い？

ここで詳しく説明しないが、晋三氏は根っからの嘘つきの**泥棒は先祖代々から**、拙著「大宇宙の別天天国に行く」まえがきをご覧下さい。モリカケ桜、国会で**三百回以上の嘘答弁**。戦争にブレーキを掛けられる日本学術会議の推進者の任命拒否を**直ちに元に戻せ**。

本書の表紙にて説明したこと、
大谷翔平野球の水原氏のギャンブル「依存症」だけではない、私が言い続けてきた、岸信介A級戦犯、安倍晋太郎、安倍晋三も菅総理も岸田総理もバイデンもトランプもゼレンスキーもプーチンもネタニヤフも「戦争依存症の病人」。（戦争しないでいられない依存症を村山政太郎が命名して表紙の裏面にて説明した）。供養せよ。

この依存症の病人が、これまで悪い事をやってきたのに「法に基づき、自由で開かれたアジアインド太平洋、力による変更を許さない」等と言ったこと、**戦争依存症の病人だから戦争を止められないからお互いが苦しむだけであり、永遠に平和構築は不可能です。**

それでも戦争する。戦争を止められない病気、**戦争依存症の病気だから止められない。**

苦しくなるのに、それでも戦争する病気です。この病気を**天津会では次のように命名した病名、「戦争依存症の病気」**です。（世界で初めて私が天津会で命名した）。

戦争して間違いなく**神の子を殺したから天に祟られて「霊障者」**になった。

霊障は肉眼に見えません。天の力を借りて自然の姿の力を借りて本書で霊障者を説明する。

本書に記載したから参照下さい、**（重大２）**58頁　と　**（重大３）**59頁の**写真**にて**説**明した。

２０２４年４月20日、村山政太郎

◆目次

第三章　戦争依存症と膠原病等を神通治療で改善する

第四章　感情依存症だから次々と政策失敗した

第一章

少子化は安全保障と改憲の戦争依存症が原因

真理を覚えてください、（ペットを飼った祟りが難病）

真理とは、「悪い事をしたと思ったならば、反省し、謝罪し、償うことが大事。但し、謝罪も賠償も償いは相手と双方が納得解決成立した内容の根幹が真心。この全ての心が真理」。

〔自民党の国会議員だけが大金持ち。国民に戦争を仕向けて不安を煽り、真理と責任を取らないで（不倫して遊びコケすぎて悪事の後始末しない）から、国民困窮中、少子化は当然〕。

国会議員同士や他者との不倫のオンパレード、世の中見えなくなり国民の困窮生活も見えない、やっているのは不倫と戦争法の改憲だけ、これでは国民は子を産めない少子化当然。

〔大谷野球の通訳である、「水原氏のギャンブル依存症」とは、水原氏はギャンブルを止めることが出来ない、依存症の病気になり、大谷氏の御金を無断で盗んでギャンブルに使いこんでしまったから依存症で逮捕された〕。

これと同じ病人が、安倍晋三元総理と自民党議員の病名、〔政治詐欺依存症の病気です」。

アベノミクスの失敗、モリカケ桜の大事件。安倍晋三が天皇陛下になりたくて「真似して桜の園遊会を開催した」。A級戦犯の岸信介元総理は晋三を天皇陛下にさせたかった。ですから「戦争依存症になった」。その証拠が遷宮祭時に正体を現した。急にバンザーイと叫び、元天皇の健康を心配していない等と奏上したのだ。愛読者の皆さん知っていますか？

あの発言「戦争依存症」は危険。戦争してしまえば止められない病気なのです。天の声。

次元の低い各論の口先発言とは、心の中に平和が一切ないのに、自由で開かれた世界と言うのである。心の中に、平和も民主主義も自由もないのです。あるのが戦争。何から何まで失い、悟れない心になった。常日頃から戦争することを毎日考え生活するのが戦争依存症。

ですから天から二億年ぶりに降臨して、戦争するのは、戦争依存症の病人だと教えているのです。このことを教えるために降臨したのです。本書の第二章にて詳しく説明した。

第二章で（重大1）から（重大4）までの文字と写真を提示した、本書で学んで開運になり幸福になってほしいのです。天津会で心の勉強をして、永遠の別天天国に帰天して下さい。


これから、悪い事をしないで下さい。悪い事をすると祟られてペットになることを覚えてくれましたか。これから、戦争依存症の病気にならないで下さい、低次元の各論で生きちゃ駄目。場当たり的に生きるな。人間として目先だけを考えて姑息的に生きるな。〔人間なのに自宅で低次元のペットを飼ったから洗脳されて場当たり的になり獣人になり戦争中〕。

人として正しく生きるにはどうすればよいのでしょうか？　このことを第一章の最後にて詳しく教えました。これから政治家は悪い事を考えないで、戦争する依存症の患者にならいようにお祓いして供養して下さい。これから、間違った生活を説明するから覚えて下さい。

安倍晋三総理の回顧録の中味を知っていますか?

1、晋三氏「北朝鮮の拉致被害者救出方策」戦争して救出する策を回顧録に記しただけ。

2、自社さの政策「北朝鮮へ経済（米）支援し拉致問題解決されると困る晋三が反対した」。

回顧録に1と2を勇ましく書いただけのこと。拉致被害者は日本人だから小泉元総理は当然だから日本人を返して貰った。この現実を回顧録に記載ない。安倍晋三家系は拉致問題解決を本格的な交渉は祖父信介のA級戦犯罪が明確になり賠償当然。議員として生存不可能。

A級戦犯岸信介祖父と文鮮明との闇取引犯罪、壺売りや物売り等にお墨付けを与え隣の敷地に統一教会設立した罪人。祖父信介の犯罪が明らかになるから拉致問題をどうしても解決できない実情。北朝鮮と拉致問題解決させる交渉を本格的に実施すると岸信介の性加害や文鮮明との闇取引や徴用工、慰安婦等の事件が明かになるだけでなく、莫大な損害賠償請求されるから拉致問題解決させぬために拉致被害者が日本人なのに米国に命を掛けて依頼した。
北朝鮮と直接交渉し解決すれば安価にて解決できた。25年前に拙著を発刊し教えた。私の拉致解決法著、沢山ある。「天が善に開運と幸福を授ける」第一章、悪いことをしたなら反省して賠償して謝罪せよ。北朝鮮への経済制裁も統一教会事件も拉致家族問題も米国のポチになったのもA級戦犯の岸信介元総理の罪。時効でも罪を暴き歴史に残して下さい。

検証必須、「日本国をブッ壊したA級戦犯の岸信介元総理と孫の安倍晋三」。北朝鮮と拉致交渉するとA級戦犯罪が明らかになるから交渉できないだけでなくて晋三は政治家になれなかった。だから北朝鮮を敵国にした。岸信介元総理はA級戦犯罪者だから生き延びるために、統一教会の文鮮明に忖度した。この現実を安倍晋三の幼児時に祖父が洗脳して教え育てた。これが教育勅語法であり森友事件。加計学園事件。本書、第二章（重大1）の家系図49頁参照をご覧下さい。A級戦犯の岸信介。文鮮明。拙著「免疫リンパ細胞若返り手技療法」39頁参照、私は天の代行者。7年前に、創価学会、統一教会、文鮮明との闇取引を予言した。

天はなんでも、全てを知っているから、悪い事をするな。悪事は肉体死亡しても地獄に落ちても罪を償わなければならない。このことをここで、シッカリ、本書で覚えて忘れないで下さい。**岸信介は戦争依存症の病気になり戦争して神の子を殺した。天の声。**

安倍晋三と言う人の生涯。**A級戦犯の岸信介元総理の政治犯罪が明らかになれば安倍晋太郎も安倍晋三元総理も全ての子孫まで政治家になれなかった運命の人です。だから安倍晋三は必死だったのです。これが幼児教育で在り洗脳されて育った戦争屋なのです。天の声。**

北朝鮮を一生涯敵国にしなければならなかった運命の晋三でした。だから悪い事するな。

自公の国会議員の皆さんへ、どうして胸に青リボンを付けたのか？　勉強しなさい。

今日から悪を改めなさい。自公政権、戦争し日本国をガラガラポンにする夢を見るな。

自公与党は悪宗教に支えられた政権党である。公明党も次元の低い悪宗教党である。

自民党に反対するような、そぶりを見せて忖度してきた低次元の汚い悪宗教党である。

自公与党政権は自ら下野すべきである。一か八かで行政を行ったなら日本は外国から乗っ取られてなくなってしまう。既に一部が乗っ取られた、これが天の声です。

これから一人一人の国会議員の**健全な心に改善せよ。**良き日本国を目指して下さい。

自民党は天罰に気付けないから、自ら改善不可能。**「真理」を学ばないと崩壊する。**

政治とカネは自民党の政治犯罪、自助努力して国民と同じ法で行政を実行すること。

国会議員の犯罪者が、検察、特捜部が調べても犯罪にならないから、国会議員が犯罪者じゃないという愚か者が威張り腐っています。

統一教会に国会議員が招待されて挨拶したのに、知らぬ存ぜぬなどと嘘ついて、逃げきろうとしています。自民党の国会議員の心は腐りに腐り切った。ここまで腐り切ったから修正不可能になってしまいました。ですから天が祟りを出して、二度と這い上がれない地獄に落としているのです。

日本はアメリカのポチです。ポチになれば生き続けられると思っているのが自公与党政権なのです。維新も**安全保障**、どうしてですか？　**戦争しない議論から始めなさい。**

米国は**悪い事**しかできない哀れな国家。外国に出かけて分断を図る国家になるな。

　アメリカは気に食わないだけで外国の分断を図り苦しめて経済制裁してきた。この悪事を働いたから**天が天罰で**二度と這い上がれない地獄に落とす。悪人は**霊障者だから**善悪の判断不可能だから戦争している。なぜ戦争するのかと聞いても答えられないのです。

　アメリカが、中心になり組織を作り戦争している事が大間違い。人間としての次元が低いから戦争して相手国に経済制裁をして苦しめている。（天の持ち物の物質に経済制裁を掛けるな。この現実をしっかり守って生活して下さい。天の声）。これからは**経済**を最優先にした「**生きがいをするな**」。株式市場では、株主の配当を**最優先に****しない政策を実行せよ。**会社と社員の生活を最優先にせよ。金とカネで生きる生活をするな。**心を育てなさい。**

　これまで**金だけで生き続けたから、世の中が狂った。**狂ったから世の中に不安心配症、被害妄想者、精神分裂症者多発中。これまでに「**人間としての生き甲斐を深く考えないから戦争しているのです**」。これから人間としての**生き甲斐を深く考えて勉強して下さい。**

（生きがいは全部で六つある）。拙著「祟られた日本、災厄の自民党政権」第四章を参照してしっかりと（生きがい）を、覚えてください。

特に米国とロシア等が大昔から戦争して殺害してきた。（天に祟られても戦争しないでいられない霊障国）。（プーチン、バイデン、トランプ、ネタニヤフ、ゼレンスキー、等が戦争して罪のない人を殺害した禍の祟りの霊障者が戦争するから天が地獄に落すことにした）。

人を殺した罪の祟りで戦争しないでいられない人になった

・殺害した祟りの禍に魘《うな》されて呪われて戦争しないと殺される思いになり、不安心配性になり、被害妄想者になり、**魘されて、戦争依存症に成り戦争する霊障者になった。**

・先祖代々から軍人や政治家になり他人に悪事を働き苦しめたことを忘れて、反省も謝罪もしないから、**その時の苦しい霊に祟られて戦争しないでいられない心配性が霊障者。**

・先祖代々からの**霊障者は**政治家や軍人です。この子孫が戦争に加担して**神の子を**

殺害したから霊障者になった。「霊障者が魘されて安全保障・憲法改憲し戦争したい心理です」。

〔世襲議員や元軍人やその子孫が不成仏霊に魘されて猜疑心に囚われて怖くなり負けたくなくて戦争しないでいられない、この悪の根幹が、安全保障と憲法改憲と戦争なのです〕。

私が丁寧に悪を教えても思い出せない、振り返ることもしないスッカラカン岸田総理が次々と、〔戦闘機輸出を閣議決定〕。〔戦争法を閣議決定した〕後で後悔する。天の声。

米国の大統領も日本国の総理も、霊障者の根幹も、人としての根幹も知らない。この現実を米大統領も日本の総理も知らないで、悪い事をやり続けてきたから祟られ霊障者になり魘されて精神分裂し善悪の判断が不可能になり。敵を作り戦争する事が当たり前になった。

〔霊障者でなければ、国連で戦争しない道の議論ができる。できないのは霊障者だから〕

霊障者が無責任「憲法改憲」したい。安全保障がほしい。九条を改憲したい。自分自身の心の障りを削除したいだけのことで戦争したいのです。ですから天の教えを守らないと日本国は血に染まり腐ってしまう。憲法九条を守り戦争しない議論すれば戦争なくなる。それには霊障者にならないことです。これまでに何度も教えたから分かりますよね。

この事を教えたいから私が二億年ぶりに日本国に降臨してきたのです。

特にA級戦犯の子孫やそれに忖度した政治家の犯罪が「政治とカネの事件」の残党です。

国会議員の頭狂い、悪い事をやったのも平気な頭脳になったから政権交代をすべきです。

本書は、第二次世界大戦時からの出来事を記した著。岸信介・安倍晋太郎・安倍晋三は神武以来からの悪党、お土産が憲法改憲。先祖代々から天に祟られた霊障者を守りたい心理が安全保障。こんなバカ事をやったならお陀仏。「日本国が大戦場になり再起不能になる」。

戦争屋の霊障の自公政権と維新は自分の心を守るために戦争したい。憲法改憲をさせるな。{霊障界の勉強をせよ} A級戦犯の岸信介を、しっかり検証しないから、戦争をしたい一心、戦前の血の気の霊障者が蔓延るようになった。頭脳がおかしい。この人たちは政治とカネ事件の国会議員と同じです。責任を取れない連中、憎しみを持ち遊びながらの戦争談義では、日本国民の命と暮らしと財産を守るとのスローガンは霊障者の声なのです。

天津会に供養塔像ある。天から授かった本物の供養塔像あり根幹から供養できます。

米国を中心に考えていることが間違い、天の声

日米の戦争屋に騙されるな。「自由で開かれたアジアインド太平洋、力による現状変更を許せない」との言葉が戦争なのだ。国民は中国と北朝鮮との戦争も経済制裁もしたくない。米国のポチが、A級戦犯の岸信介氏、安倍晋太郎氏、安倍晋三氏のポチが韓国や北朝鮮や中国と戦う依存症議員。心の中がシッチャカメッチャカな獣人が戦争依存症の獣人。

ですから霊障者を供養するように天が私に不成仏霊を成仏できるように、（獣と獣人の罪を祓う供養塔像）（40頁参照）を世界で初めて私に天が天授してくれた。人間が作れない供養塔を授かりました。拙著「戦争しない道の自由の女神像」84頁参照。不

成仏霊が成仏されます。

この供養方法は、霊障者の背中に不成仏霊が憑依しているから金木に移して成仏させているのです。

第二次世界大戦の敗戦も知らないで、菅義偉元総理と言う人がいた、あの人が、日本学術会議が推薦した学者を簡単に任命拒否した愚か者の総理。戦争すれば必ず不幸になる事を知らないから任命拒否した、へっちゃらに、任命拒否した。この人を愚か者という。

日本国民の歴史も何も知らない人が総理になるな。菅総理のやったこと、目先の事、それも場当たり的なことをやった恥ずかしい総理。自民党議員は勉強しないと国が駄目になる。

私の村山文学を少し勉強して学んでほしい。私は喜んでお引き受けいたします。(私は大宇宙から地獄まで指導している)、せっかく政治家になったのです。それぞれの一人一人の考えがありますけど間違っている。新自由主義者たちが偉くなり、宗教論争しか知らないのに、神学論争を持ち出して都知事になったのが小池百合子都知事。

最後で詳しく説明する。

本書、A級戦犯の政治犯罪の検証と、安倍晋太郎氏と安倍晋三元総理の政治犯罪の検証を実行してください。罪が時効でも良いから善悪を正しく判断して国民が知って欲しい。

〔特注2〕アメリカは殺害した禍の祟に魘されて不成仏霊に戦争させられている国家。アメリカには、自由も民主主義も平和も存在していない、有るのは他国に兵器と武器を売り捌いて金儲けして戦争させて分断させて経済制裁して困窮生活をさせて喜んでいる国家。アメリカが他国を救出していると言いたいなら、毎日米国内で銃による殺傷事件が多発しているから、他国に出かけて戦争しないで米国内で殺傷事件をなくすことが最優先です。

アメリカは、神の子に戦争させて殺害しても可哀そうだと思わないから戦争して弄んでいるのです。戦争を止めないで戦争に支援して援助している自分主義の悪国家が米国。

国会議員は他人や他国に迷惑をかけて人民を苦しめるな、だから天に祟られて地獄に落とされているのです。何時までもあると思うな「親とカネ」。無いと思うな「運と災難」。

真理を教える「悪い事をしたなら、反省し、謝罪し、償うことが大事。但し、謝罪も賠償も償いは相手と双方が納得解決成立した内容の根幹が真心、この全てのことが真理です。

先程、嘘は泥棒の始まりだと教えた。A級戦犯の岸信介、安倍晋太郎、安倍晋三元総理、の詐欺政権が日本国をブッ壊し続けてきたのである。岸田政権が崩壊し、政権交代なれば、世の中が大きく変わり空気まで変わる。それは安倍晋三のアクドイ政治犯罪が明らかになれば、これまでの常識が常識でなかったのです。

回顧録に安倍晋三が最も尽力したのが、北朝鮮による拉致被害者の救出だと言っているが大嘘。拉致問題交渉すると、（1）賠償金を取られることと、（2）A級戦犯の犯罪が証明されるから交渉しなかった。（1）と（2）の問題を隠蔽した。その他に帰国した蓮池さんの親子や、地村さんの親子さんのことを回顧録に一切なかった。救出に尽力したとは何だったのか？　私の心は、お子さんの北朝鮮での生活の現状況を本音で教えて貰いたいのです。

トランプ大統領は米国に核兵器があるから、北朝鮮の核を認めて平和交渉し国交正常化する。それは大統領としての、「名利」に尽きるからです。これまでの歴代のアメリカ大統領は、戦争するだけで、自由も民主主義も平和構築していないから、トランプ大統領が平和を実際に構築するとの予言。そうして国連で戦争しない議論を提案すると思う。そうして歴史に残すと思う。なぜなら画期的な素晴らしい提案なのだ、トランプ大統領だから歴史に残せる。これは私の願望を申し上げたのです。

霊障者（安倍総理）戦ったのは石破茂氏一人だけ、次の拙著の表紙に顔写真を採用した。

拙著「免疫リンパ細胞若返り手技療法」書、表紙の写真と、102頁をご覧くださ い。

安倍晋三の「モリカケ桜」の政治犯罪の爪痕の写真。岡山県、広島県、愛媛県の天災による大豪雨が分かる。6年前の「予言」です。私は嘘を言わない。天の予言は的中する。

２００９年発刊、政権交代した著作。拙著「祟られた日本、災厄の自民党政権」です。

一度野党が政権を取ったなら、覆すのは大変。あの時の失敗。小沢一郎と管が戦ったことが大失敗。戦った小沢一郎が駄目だった。あの時に、私に相談すべきであった。

政権交代できるのは今回だけしかない、日本共産党が日本国には必要な政党。日本共産党と同じような政策を他党が出来ないから嫌っているだけのことです。

多くの一般国民はこれまでに深く考えないで自公政権党が世の中を動かしているから良いとのイメージだけでこれまで支持してきたのです。戦争しない、村山文学の総論理想の実現学を社会に取り入れるには、共産党と立憲民主党が協力すれば、国際社会に新しいそよ風を発信できる。現在の自公政権では、公明党が調子のよい事を言うだけで、「依存症カネ自民党の闇」を支持してきた悪党である。野党が一度政権取れれば、長期政権続く、天の予言。

「頭脳の狂った依存症のリーダーは地球に要らない」。要るから事件と犯罪続出中。国会議員に特権を与え甘やかしたのが大間違い。国民を苛め蔑ろにして責任を取らない不届き者が自公党は犯罪組織。知らぬ存ぜぬ嘘連発の自公民党に投票するな。改善せぬと天罰下す。

天の教えを守らないと人類滅亡する。拙著「日本丸はどこに行くのか」をご覧下さい。

・鳥インフルエンザの発症は、イラクでの劣化ウラン弾から始まった。

・天の祟りで、鳥インフルエンザが、人から人に感染するようになった原因、米国の原子力艦隊等による核感染症の影響で人から人に感染してバタバタと死ぬ。これと自公党のふざけた政治とカネの改革に天罰下す。〔天が国連で戦争しない議論をしないと天罰下す〕。

「真理を知らない政治リーダーが戦争依存症と詐欺依存症の病人が地球を壊しているから天が天罰を下すことにした」。

米軍辺野古基地は天の祟りでブッ壊れる、戦争で日米ともに不幸になる。これが天罰。

回顧録、〔自民党本部前で横田さんは反対運動を繰り広げていました。経済制裁と拉致問題解決を掲げたから「申し訳なかった」から謝罪に行きました。との安倍晋三氏の声)。

なお、横田さんの葬式に、安倍晋三氏と菅義偉氏も滋さんの葬式に参加したのです。

これから企業団体献金禁止できない政党は日本に要らない

安倍晋三総理が、赤木氏の葬式に参加しない、赤木氏は安倍晋三夫婦の指示と行動で殺されたのだ。晋三はA級戦犯祖父の犯罪隠ぺいするために、拉致問題解決交渉せずに頑なに戦争して拉致救出に専念した。横田滋さんが自民党本部前で何度も反対運動をやってきたから。晋三は横田氏たちに申し訳なかったと謝罪し、後に晋三総理は葬式に参加した。

(憲法改憲も安全保障も森友改ざん事件の赤木氏を見殺しにしたのです。死を蔑ろにするな、これが安倍晋三氏の政治犯罪。魘されて、私や妻が森友学園に関係していたなら、それやぁー、総理も議員も辞めると国会で公約した。(公明党、森友事件で冬柴を検証必須)

安倍総理昭恵夫人が関係していた証拠写真、拙著「免疫リンパ細胞若返り手技療法」77頁が証拠写真です。安倍晋三夫婦が悪事を働いた主犯政権です。だから天が天罰を下した。

「政治とカネ事件も安倍晋三が主犯。だからキックバックを止めようと言ったのです」。安倍晋三総理も、晋三氏に忖度した木偶の坊の国会議員も全員が知っていた。晋三に忖度しないと殺されてしまう危険な政党なのです。ですから危険な自民党は日本国に要らない。

> 神武以来の公文書の償却廃棄、黒塗り、改ざん、アベノミクス、モリカケ桜の検証。A級戦犯の岸信介、加計幸太郎氏、安倍晋三を今からでも遅くないから検証せよ。悪事を検証してこなかったから政治犯罪が続き繰り返しているのです。時効でよいから検証し歴史に残してください。歴史に残さないと、天の祟りで地球爆発して消滅してしまう。

「政治とカネ事件は序の口」拙著「免疫リンパ細胞若返り手技療法」91頁参照。

（安倍晋三氏は戦争するために生まれた戦争思想虚偽欺瞞独裁政権）。

下村夫婦、安倍夫婦、加計夫婦の繋がりで加計ありきの腹心の友の**政治組織の犯罪**。

政治とカネ事件は序の口、場当たり時、姑息的事件。**数種類の拙著を熟読して下されば事件の根幹が見えてきます。ルフィの上にも闇の親分が居た**。A級戦犯の**岸信介**は名誉を固持するため、**安倍晋三**を総理にさせて中国と北朝鮮と戦争して拉致被害者を**救出しA級戦犯罪を解消させる戦争を覚是とした。この大仕事を成し遂げるために兄の加計孝太郎氏と一緒に企画した**。官僚も官邸も議員も、安倍晋三氏と加計幸太郎氏に**忖度した**。

この予言拙著「**免疫リンパ細胞若返り手技療法**」**39頁、77頁、102頁**、熟読をお願いします。(熟読していただければ、私が詳しく説明しなくとも、どなた様でも政治犯罪を把握することが出来るようになっています)。ですから**予言書**なのです。**モリカケ桜、司法を食い物にした**。戦争しないブレーキ役の日本学術会**議が推薦した学者を任命拒否した安倍、菅、岸田政権**。政治とカネの大事件は続く。**犯罪の根幹**。A級戦犯の岸信介、安倍晋太郎。安倍晋三の上の**兄が加計幸太郎氏であり統一教会と太いパイプがある。文鮮明、安倍昭恵氏の罪の存在あり検証をお願いする**。

アベノミクスの失敗。検察も警察も国会も行政までも私物化した悪魔の政治であった。

これから、官邸と国会議員に国民よりも厳しい法を与えなければ日本の政治犯罪なくならない。だから天が安倍晋三に先に天罰を下し地獄に落とした。１０２頁の証拠写真。

私の心残り、天の最後の声、赤木氏が可哀そうです。本当の公文書を安倍夫婦が改ざんさせて自殺させた犯罪を天は絶対に許さない。晋三が国会で公約した。私や妻が森友学園に関係したなら、それりゃー総理も議員も辞めると国会で威張り公約した、77頁の証拠写真。

妻の安倍昭恵氏の犯罪が明らかです、なんで明らかにしないのか？　犯罪を明らかにするために天の代行者が要求しているのです。横田滋氏の葬式に安倍と菅が出席。赤木さんの葬式に参加しない。籠池さんを安倍晋三夫婦が悪利用した。これも天は絶対に許さない。モリカケ桜にうんざり、犯罪多すぎ。倒産寸前の「千葉科学大学」に萩生田は落選したから加計幸太郎理事長と統一教会にお世話になったから頭が上がらない、安倍晋三の兄です。

闇の加計孝太郎氏と密接だから本当のことを喋れない、喋れば命がなくなる。A級戦犯の岸信介の政治犯罪の子孫に真理なく隠蔽し日本国を牛耳り正当化した天の祟りある、ウクライナ戦場の後が日本、世界第三次大戦争。これが天の予言。相手は中国北朝鮮ロシア米国。渡来者の政治家の頭脳が戦争しないでいられない霊障。過去を考えろ。日本だけ。広島と長崎に核爆弾。福島原発メルトダウン。これから安全保障と憲法改憲始まる、安倍晋三に洗脳された残党政策。真理大事。国連で戦争しない議論を祈願。日本再起不能になる。A級戦犯の岸信介を検証せよ。戦争国家にさせるな。

国会議員が国民に困窮生活させて自分の「ワガママ」「贅沢」「不倫」に一生懸命だ。自公政権は日本国、日本国民の生活を陥れた悪魔の自分主義者を改めさせるにも、多すぎる政治家議員を削減するにも、今回の裏金問題、違法不記載、政治資金パーティー、企業献金全部廃止をするにも、自民党の犯罪者を逮捕するにも、自民党の悪事を改革するにも、現在の自公政権の自分主義と利権主義者では、世界で最低の国力になっても、最低の国民生活水準になっても、現在の自公政権では議論することも不可

能になってしまった。

安部晋三のアベノミクス失敗、低能の口先の一ドル300円に騙されてきた。**安倍晋三の先祖代々から悪事を働き続けたから指摘したが修正不可能になってしまった。**

●「戦争依存症」を説明する。戦争しないでいられない人を説明する。

どうして戦争しないでいられない人になったのかを教えます。白人の我欲で始まった病気が**戦争依存症**の病気です。ここでシッカリ覚えてください。

白人が先住民を殺害し先住民の領土を白人が奪い取り、先住民の所有物を自分の所有物にしたから天に崇られた罪の人を「霊障者」という。ここでシッカリ「霊障者」という文字を覚えてください。

先住民（神の子）に天が与えた土地を白人の我欲で、先住民（神の子）を殺害したから、白人が天に崇られて「霊障者」になったのです。この霊障者の白人は天に勝てないことをシッカリ覚えてください。

天に崇られた霊障者が「戦争依存症」の病人なのです。戦争しないでいられないのです。

常日頃から戦争することを考えて生きているのが「**霊障者**」なのです。G7サ

ミットも、「法の下、自由で開かれた世界アジアインド太平洋、力による現状変更を許さないと言ってる言葉が、「**霊障者の戦争依存症**」の人なのです。

白人は天に祟られた霊障者だから戦争依存者。覚えること。

獣と獣人を祓う供養塔像

第二章

「依存症」戦争は自民の持禍病

戦争依存症の米国には平和も自由も民主主義も成し遂げられない戦争国家

戦争するのはどうして？　戦争止められないのはどうして？

２０２３年、主催・練馬区、練馬産業見本市。「国連で戦争しない議論を提案」した。

日本住宅研究所天津会・村山政太郎の「提案」が世界中で話題になっています。

戦争は「戦争する依存症の病気」が戦争させている。戦争しているのは戦争依存症の病気。

大谷翔平野球、通訳の水原氏は、「ギャンブル依存症の病気だから止められない」これと同じ依存症の病気が「戦争依存症」です。戦争しないでいられないのが戦争依存症患者。

この他にも沢山の依存症ある。薬物依存症、アルコール依存症、戦争依存症、バイデンもトランプもこれまでの米大統領も。ロシア、プーチンも、ゼレンスキーも、ネタニヤフたちも、戦争依存症の犯罪者だから、水原氏と同じに逮捕せよ。このことを何度も教えたが気づけない。自民党の闇献金、政治とカネ事件。政治家が捕まらない秘書が罪になる法律を作ったのも、「詐欺依存症の病気です」。政治家も国民と同じ法律で生きるのが鉄則。天の声。

〔此の世で最大の悪魔は政治家。（政治家は詐欺依存症の病気の犯罪者）、法改正せよ〕。

（重要2）、58頁「政治家が最大の悪魔。戦争する依存症患者になった原因（不倫）を教える」。

「人殺しをするな」。人を殺したから戦争する依存症の患者になった原因は次の（不倫）。


人を殺した人と関係持つな。外水子。悪事を働いたなら供養しなさい。供養しないから戦争する依存症患者になり戦争するのです。戦争依存症になると戦争しないでいられない病人。

政治家は異性間の不倫をするな（外水子は霊障）。拙著「交神力」に詳しく記したから学んで下さい。「不倫するな」道徳に反するな、その他の悪事を説明する。中絶、堕胎、流産、水子とは幼い時期に死した子のこと、不倫、妊娠した赤ちゃんに付いての説明。赤ちゃんには命があるから殺すな。赤ちゃんは天の子。赤ちゃんを殺した霊障の祟りを説明した。仏教は親より先に子が死ぬと親不幸とは間違いです。

（悪事を働いた親の死後に、ペットに生まれ変わる霊障の祟りを知らないの？　天の声）。

貴方には先祖代々がある、貴方の親が（重要２）の不倫や堕胎や中絶をしたならば、死後の貴方の親はペットに生まれ変わる。（重要２）のペットに生まれ変わった。貴方の親がペットになったから、貴方は父親のペットが大好きです。ですから、「父親であるペットを自宅で飼って共に暮らしているのです。そのペットが元の人間になりたいから、貴方の背中に憑依して霊障を発生させているから病気になり、開運なくなり人間関係も悪くなります。

心の病人になる。眩暈する、フワフワする、倒れそうになる。食欲ない、家族不円満。これが霊障、肉眼に見えない霊障を説明した。（重大２）と（３）の写真が後の頁にある。

なお「戦争依存症」の戦争犯罪人を天は二度と這い上がれない地獄に落としています。

拙著「戦争しない道の自由の女神像」第三章の熟読をお願いします。

イスラエルのネタニヤフが塀を造り戦争し人を殺したから天が二度と這い上がれな

い地獄に落とす。このことを知らないから天が教えた。悪人は肉体死亡後に困窮し地獄に落ちる。

イスラエルのネタニヤフと戦争依存症患者が戦争してきた。自分主義の国会議員が、安全保障と憲法九条の改憲に夢中なのが戦争依存症患者等です。国会で議論しないで閣議決定するな。これまで**米大統領と晋三総理のポチになり忖度した木偶坊議員は日本国に要らない。**

２０１３年に安倍晋三総理は加計幸太郎氏を従え戦争する為にミャンマーに出かけた。

安倍晋三総理は戦争したくてイスラエルの要人を携えて**ヨルダン**に出かけて、戦争したくて、**国際社会に向けて「私がテロに罪を償わせると豪語した」**。この公約はバカ丸出し。

不可能な公約するな。官僚は気づいて晋三総理に教えて下されば良かった。

モリカケ桜事件や日本学術会議を潰したのは北朝鮮と戦争するためだったのです。

小生は第二次世界大戦以前に生まれた人。毎日ラジオで戦争状況を報道していた。戦争を正当化して、何度線を突破して勝ち突き進んでいるとの報道です。日本国が戦争して負けない。戦争に負けるわけがない。負けたなら焼いた魚も泳ぎ出す、犬は電柱に上りだすなどと、幼い時に聞かされた。戦争しなければならない理由等もなく戦争した。

村から兵隊さんが、バンザーイと威勢ある声で叫び涙を流して行進して戦場に向かった。兵隊さんになれない人は軽蔑されていた。伝染病患者は兵隊さんになれないからです。

戦死したとの声か届く、話が聞こえるようになり、物資も兵隊も足らないから、飛行機を作る木材を伐採して運んだ、戦争を支援する、婦人会は竹やりの訓練をしています。

戦争に負けている話はないのです。働き盛りの人が居なくなり農家は白米を食べられない原因、農家だから**国に米を拠出、白米を食べられない。少しのご飯に**ダイコンやカボチャ芋や野菜や笹の実など木の皮まで入れて食べた。私は幼いのに負けても良いから戦争止めてと心から祈願していました。ある日、ラジオから天皇陛下の声が聞こえた。戦争に負けたらしい、幼い私の心は戦争に負けて良かった。口には出せないが本当に安堵した。

長い戦争がなくなったけど、それから辛い長い生活が続きます。治安が凄く悪くなり泥棒が蔓延するようになりました。戦争終わったけど、辛い生活が続きます。戦後、お金がないからずっと衣服にも不自由、破けた穴に布を被せたズボンをはいて中学生を卒業。

あの当時、農業の手伝いをすると学校に行かなくとも休みにならないから家内農業を手伝ったから勉強が遅れたからチンプンカンプンでしたから、学校に行きたくなかった。

国民は戦争したくない。だけど悪政治家が戦争したのです。私は本を読むことが大嫌いだが、私は戦争の辛い体験をしたから拙著を書き**戦争になる原因を教えているのです。**

私の心を知らないから恨みを晴らしたいのか？　控訴し賠償金を取りたいのか？　等と言えるのは自分主義者。戦争体験ないから**ウクライナ国民の困窮が心に届かない。**

第二次世界大戦の傷跡は現在も残っている。米国、米軍は日本国のあっちからこっちまでにしつこく、爆弾を落として空襲空爆して大量に殺害した、あの困窮生活させるな。

家族が死んでしまい、孤児になり親戚に預けられたが辛くて上野の地下道に幼い子供が沢山生きていた。私は幼いから何もできないが、それぞれが生きることが大事で大切。

可哀そうだと思うけど何もできない。可哀そうです。**生活困窮し**精神がおかしくなり多くの非行少年になり辛い生活をした。戦争の発端は**心の悪い政治家**。**二度と戦争するな。**

これから二度と戦争を引き起こしてならない。この苦しみを忘れた自分主義者が安全保障を大事にして**憲法九条を改憲して戦争をしたい**。**躍起になっている**。**霊障者が戦争する。**

２０１４年発刊「**精神の根源は宇宙天にあり**」２５６頁参照、オバマ政権時に副大統領の**バイデン大統領が戦争を企んだ政策が**ウクライナ戦争。**私は十年前に、ウクライナ戦争を予言して**「**ウクライナは再起不能になる**」**ことまで教えて**「**予言した**」。

先に戦争に手を出したプーチン大統領を悪者扱いしたが、先に戦争に手を出したのがバイデン副大統領です。戦争をやっている**双方の国家が悪事国家なのです**。**オリンピックにロシアを出場停止にしたのは**一**方的です**。次の「**家系図**」**を御覧下さい**。

加計（妾）―加計勉―加計幸太郎が弟の特区で加計学園を得た詐欺犯罪物件。検証せよ。

A級戦犯岸信介―安倍晋三と昭恵が籠池氏を騙して造った**要らない小学校を検証せよ。**

（重大１）

A級戦犯の岸信介元総理ってどんな家系図の人？

・**岸信介の家系図で分る政治犯罪。岸信介の孫が加計幸太郎と安倍晋三である。**

加計（妾）―加計勉―加計孝太郎―獣医学部（息子）、**（加計学園は科学兵器校）設立。**

岸信介―洋子―安倍晋三―の指示で昭恵が籠池氏を騙し**（森友勅語小学校）設立。**

良子　安倍晋太郎　昭恵

・岸信介に洗脳された孫の加計幸太郎が特区を作り化学兵器研究学園が**加計学園で**す。

・岸信介が晋三を洗脳し**勅語教育法**を閣議決定するために昭恵に指示した策であり講演している間に昭恵に子供がいないから子供が欲しくなり籠池夫婦を騙し本当に**勅語小学校を造ることになった。**普通ならできないが地元の役所が**総理案件**に捉えて**ゴミがないのにあることにし建設資金**（公明党の冬柴）**捻出した。**ゴミを場外に持ち運ぶには**マニフェストの伝票あるが無い。**晋三はゴミがないのに籠池氏に書類に印鑑を求めたが籠池氏が断った。（家系図を見たから分ったと思う晋三は身内のためにやった政策だったのです）。

籠池氏には良心があるから無い物はないと断った。すると晋三は（籠池氏は**しつこい、詐欺を働く人だ**）と国会で決めつけて嘘を吐いた。晋三氏が詐欺師なのです。大物の世襲議員は性格から自分主義、それにしても強引すぎ、善悪判断無い人の忖度で必要でない**勅語小学校**を造った。あの当時の証人喚問で籠池氏は**神風が吹いたと答弁しました。**ですから**常識と良心**のない人を総理にさせてならない、カラッポだから**調子に乗り先走った。**加計学園も森友勅語小学校も戦争するための施設を造った。日出度いアホ。

ゴミ処理業者の社長が自殺しています。赤木さんも自殺しています。籠池氏が安倍晋三の神風が吹いたとの言葉。**権力が調子に乗りすぎたアホ総理。あの当時に天が教えていた。**

一人だけの私、二億年ぶりに地球に降臨した。私は熟睡中に光より速い速度で別天天国と往復しています。ですから拙著「大宇宙の別天天国に行く」を発刊した。文字だけでなく分かりやすい絵図で説明した。拙著「これしかない幸運への道」著に色々の段階の世界を文章で説明しました。**（要らない勅語小学校を造った馬鹿総理の犯罪を検証せよ）**

私が岸信介の家系図を持ち出して説明している目的は控訴して罪を求めたくて沢山の拙著を発刊しているのではありません。地球の皆さんに、悪い事は悪い、悪い事をやると天に祟られて、二度と這い上がれない地獄のことを教えたいから拙著を発刊したのです。

東条英機よりもA級戦犯岸信介が悪、この悪が自分の悪を守るために子孫を洗脳した罪。

拙著「天が善に開運と幸福を授ける」第一章をご覧ください。岸信介は**女癖が悪い**。本書にも記載した通り、植民地、徴用工、慰安婦、ジャニーズの**性加害**よりも**岸信介の女癖は酷かった**。反日派の**文鮮明**に脅されて怖くなり**岸信介**は、敷地の隣に**統一教会を建造した**。**壺売りが有名**。日本国の信者から金品を奪い取れる**お墨付きを与えた自分主義の岸信介**。家系図を見たから、悪なる**女癖**も**貪欲**も分かったと思う。要するに、**A級戦犯の岸信介は子孫が政治家になり生き延びるために文鮮明氏に金品を与えて、忖度してきた**。(**それで統一教会が繁栄した**)

国民の皆さん、これまで岸信介氏と加計氏との家系を考えたことありましたか?

・岸信介の子は**女の洋子氏**、**洋子から生まれた安倍晋三だから祖父と顔が似ていない**。

・**岸信介氏の子が男の加計勉氏であり**、**勉氏の子が加計幸太郎氏ですから祖父とそっくりです**。

安倍晋三氏は、加計幸太郎氏の弟です、加計幸太郎氏の姉が加計美也子氏です。

〔**特注**〕**天は政治とカネの詐欺事件発生を待っていた**。(天は全てを知っている)。

「**政倫審**」**安倍派の事務総長経験者**、**知らぬ存ぜぬ**、**キックバック**(**闇献金**)**を安倍晋三が止めようと言ったのに復活させたのは誰?** これが下らない**各論**です。

本書の第二章で「各論」と「総論」を教えた。キックバックを止めさせたのは戦争屋の安倍晋三であり、なにからなにまでの悪事を働いた悪党を覚えて下さい。

（第二次世界大戦）A級戦犯の岸信介は東条英機よりも罪人だと言い続けて教えてきた。岸信介が罪人だから文鮮明に脅されて、岸信介が文鮮明に忖度して謝罪して賠償金を支払い貢いで来ました。岸信介が文鮮明に忖度したのは、自分（信介）の命を守るだけでなくて子孫の命（安倍晋太郎、加計孝太郎、安倍晋三の命を守るために、反日派の文鮮明にお墨付けを与えて大金を支払い隣の敷地に統一教会を造ったのです）。

孫の安倍晋三の政治犯罪を拙著に細かく記載して、間違いのないように二十冊以上の書籍を発刊してきた。これまでに一度として私は批判されたことも文句を言われたこともない。（私は靖国神社の会員です）

北朝鮮は悪くありません。岸信介は北朝鮮に悪事を働いたのに一度も反省も謝罪も賠償も償もしないで北朝鮮に経済制裁と圧力を掛け続けた不届き者が岸信介と孫の安倍晋三です。

安倍晋三が北朝鮮と拉致問題を解決する交渉をすると、これまでに文鮮明に支払った代金位の損害賠償金を支払いたくないから、これだけでなく（政治犯罪、女癖悪、徴用工、慰安婦問題等までの犯罪が明らかになるから）安倍晋三は北朝鮮と一度も交渉していない。

安倍晋三総理は拉致被害者「救出」発言は、イスラエル、ネタニヤフと同じに北朝鮮をグチャグチャブッ壊すことが「救出」。安倍晋三の回顧録に救出ある。これでは拉致被害者を助けられない、北朝鮮と交渉すればよい。今回の「政治とカネ事件」「モリカケ桜事件」、全ての事件、第二次世界大戦A級戦犯岸信介を検証しないからです。遅くない検証せよ。

北朝鮮が日本人を拉致したのは第二次大戦の反省も謝罪も賠償もしないから北朝鮮が拉致したのだ。これに対し安倍晋三が北朝鮮に経済制裁し圧力を掛け続けたのです。

戦後80年経過してもA級戦犯の岸信介が最悪であり孫の晋三が悪魔。この現実をシッカリ学ばないから地球に平和が訪れない、戦争なくならない。この真理を償えば地球に平和が訪れる。大事ですからシッカリと覚えてください。天からのお願いです。

「モリカケ桜大事件」が問われ籠池氏は証人喚問に応じた。昭恵氏と加計孝太郎氏が証人喚問に応じないから副作用の政治事件多発した、「闇献金事件」「アベノミクス事件」も「モリカケ桜」事件も身内による犯罪。A級戦犯の岸信介から始まり、安倍晋太郎・加計孝太郎・安倍晋三・安部昭恵・弟の元防衛大臣たちの身内が日本国の行政を牛耳った。

「政倫審」に「参加した事務総長の木偶の坊が葬式の話をしたとの異口同音の答弁」。

右記の事件を十年前に、拙著「精神の根源は宇宙天にあり」2017年問題を提起したのが、118頁、122頁、123頁に提起した。拙著「これしかない幸運への道」にも2017年問題を提起した。安倍晋三の脳は後先を考えられないスッカラカンの頭脳です。

（注）、2017年問題を明確化した拙著「免疫リンパ細胞若返り手技療法」安倍晋三総理が天に祟られたから日本国を復活させるために表紙に石破茂総理の実現を提案した顔写真。

この他、電子書籍「悪事の反省ないから戦争する」2017年の原稿書を熟読下さい。

直近の政治犯罪を把握できる貴重な書籍。自公政権と官僚と加計学園も崩壊寸前です。

即刻政権交代し転換しないと、日銀もおかしくなり、国民生活も戦争で困窮する。

〔米国に追随外交したなら戦争に巻き込まれて戦争する。これが村山文学の**先見学**です〕

信介の家系図と戦争、加計学園と森友勅語小学校は一族の犯罪の霊障

先程、**A級戦犯岸信介氏の**〔家系図〕**を見ると罪分ると教えた。**この子孫は**貪欲の自分主義者。**自分の**加計学園と森友勅語小学校を造った政治犯罪。**貪欲の利己主義者です。

・A級戦犯岸信介氏は権力で自分の犯罪を正当化したから地獄で苦しんでいるのですよ。

このことを霊障と言う。この**霊障**の副作用が闇献金、キックバックに関した安倍派閥の木偶の坊の塩谷座長や参議院世耕幹事長たちがキックバックを知らないとの答弁なのに総理は**証人喚問を拒否して木偶の坊の国会議員を処分した独裁者、国民は理解不可能？**

「**トカゲのしっぽきり**」しても何にもならないこと分からないのですか？

私が重要視していることある、「岸信介の家系図を紹介した」学校を造る時、造った時にも、加計孝太郎氏と安倍昭恵氏の双方の証人喚問を求めたが、籠池氏だけが証人喚問に応じてくれた。それなのに安倍晋三総理も身内もこれまで拒否続けてきた。これまでに重罪がありながら問わないで蔑ろにしてきたのが犯罪の温床。今回だけは木偶の坊の国会議員を木偶の坊の岸田政権は犯罪が明かでない国会議員を処分したことが問題の根幹。第二次世界大戦A級戦犯の岸信介の政治犯罪（時効でも）犯罪を解明しないと世の中が良くならない。

●安倍晋三元総理は国民を蔑ろにして身内のための悪策に加担した政治家が霊障者。一例、萩生田議員、下村議員です。少子化問題は米国のポチになり日本経済をブッ壊した竹中平蔵が現れてから国民が不安になり、お金不自由になり「少子化問題」加速した。米国の指示によりじわじわと戦争国家になり、不安心配性になり子供を持てる自信がなくなった。同盟国の日本と韓国である。この現実を教えたのが天の声。右記の者に天が霊障を与えました。人間の肉眼に霊障は見えないが見える形にして説明したのが（重大2）と（重大3）の写真です。（苦がありやることとなすこと上手くいかない）。

（重大２）

東京都立石神井公園・三宝寺池の畔にある、樹木に藤蔓が絡みめり込んだ霊障写真

肉眼に見えない（霊障者の不幸な姿）

（重大３）

一度霊障に取り憑かれると治らない。都立石神井公園の樹木の「霊障」事例

都立石神井公園の三宝寺池の畔に、写真の現風景があるから探してご覧ください。

一度霊障に絡まれて藤蔓に絡まれてめり込み憂鬱になり戦争しないでいられなくなる。前頁写真、都職員が藤蔓を切断してくれた写真、撤去してくれても傷跡が残るから一生苦しむことになるが、何とか心を入れ替えて前向きに明るく生活して下さい。これが私の心です。

小生は未来を考え発刊しています。目先のことや場当たり的なことだけ書いていない。

現在の政治犯罪はA級戦犯の岸信介の犯罪を検証しないから犯罪続出中。政治とカネ事件等が発生中。拙著「**天が善に開運と幸福を授ける**」**に岸信介の政治犯罪を記載したから再度熟読して下さい。**岸信介のA級戦犯は**敵国の米軍に敗戦した。**それなのに**A級戦犯の岸信介一人の悪人が米国から莫大な大金を貰い米国に鞍替えして命を助けて貰った非国民である。**この**信介**の政治犯罪を検証せずにほったらかした**罪の霊障**を**継承**したのが**悪魔**の孫である**安倍晋三**である。**この大犯罪を隠蔽するために、安倍晋三を継承した岸田総理が北朝鮮と中国を敵国にしたこと間違い。**拙著「**免疫リンパ細胞若返り手技療法**」**１０２頁の顔写真を見てい

ただければ把握できる。日本国が素直に**真理**を基にした行政を実行していたなら北朝鮮とも中国とも平和外交が行われていたのです。**米軍に敗戦した日本が北朝鮮を植民地にして徴用工にして働かせたのに、責任を取らない、反省も謝罪も償いもしないから、北朝鮮が日本人を拉致したのです。**私は天の代行者ですから、**これから重罪を説明する。**

〘**日本国が北朝鮮人を強制的に労働させて米軍に敗戦した途端、**何も考えないで米国のポチになった自分主義者「**岸信介**」。**北朝鮮に謝罪も反省も賠償も償いもしないで米国と文鮮明のポチになった自分主義者。**だから**北朝鮮が日本人を拉致したのだ**〙。この時に北朝鮮人の気持を分かるのが「**人間**」本物の人間になり根幹を持て。真逆な人になるな。天の声。

〘あの戦争、**A級戦犯全員が責任取り死んだ**〙。〘**ずる賢い岸信介だけが生き延びた**〙。**敗戦**したからと直ちに米国のポチになった心を許せない。責任取らない人は政治家になるな。

鞍替えて**米ポチ**になるなら政治家になるな。甘い考えで戦争したのが岸信介である。

鞍替えて、米国に自分の命を売り捌いて莫大な大金を貰い、国民の幸せを考えずに、信介は自分自身の子孫の幸せだけを考えた悪魔。自分の犯罪なのに反省も謝罪もしないで、文鮮明と結託して、**統一教会を造り自分の身内の幸せだけを考えた悪魔。**

この現実、岸信介の家系図の尻をご覧ください。子孫のために学校を造った、加計学園と安倍昭恵の勅語教育法と勅語小学校を造った単細胞。

安倍晋三元総理は、国会で三百回以上の嘘を吐き続けた。余りにもふてぶてしすぎた人でした。それにしても、自民党の国会議員は組織の**親分のポチなのだ。**右を向けと言われれば右を見る腰抜けのこんにゃく議員ばかり。善悪の判断不可能な屑議員。


（重大2）と（重大3）の写真が「霊障者の写真」です。58頁ご覧ください。

人間（神の子を殺すと霊障者）になる。（指示して神の子を殺すと霊障者になる）。

（重大2）の写真、A級戦犯の岸信介元総理と安倍晋三元総理の霊障の姿。

（重大3）の写真、A級戦犯の岸信介元総理と安倍晋三元総理の霊障の姿。

あまりにも霊障者の悪事が酷い、戦争なくならない、平和も、民主主義も永遠に無理だから教えた。二章の最後にて詳しく説明した。

天の声、親分を検証せよと昔から教え続けてきた。現在の政治犯罪を無くすには、過去の親分の政治犯罪を解き明かさないと人は開花しない。大宇宙に行きたいなら、ハリケーンの一つにも勝てないアメリカ大統領のポチになったなら大宇宙開発だって不可能なのだ。

ですから村山文学を学べと教えているのです。現在のアメリカ大統領の悪心では無理。

どうしても大宇宙に行きたいなら、**第二次世界大戦のA級戦犯の岸信介の政治犯罪を解き明かさないと絶対に大宇宙の別天天国に行けない。大宇宙の扉が開かない。**

これは日本国の出来事を説明したが米国の政治犯罪であり責任。何故岸信介の罪を解き明かさないで莫大なお金を差し出したのか？　私に教えて下さい。米国は、この汚い心では**大宇宙の別天天国に行くことは絶対にできません。**これまでに悪い事ばかりやってきたから今は、**第二次世界大戦以前と同じ世である。戦争を繰り返えそうとしているのですから**この汚い心から脱皮しなければならない。村山文学を学ばないと戦争なくなりません。

天の言葉を受け入れないで、「法の支配による自由で開かれたアジアインド太平洋、力による変更を許さないと日米双方がアメリカで米大統領と国賓の岸田総理がアピールした」。（これが戦争する依存症なのです）。

この言葉、中国と北朝鮮とロシアに戦争を挑発した危険な言葉が「霊障」なのである。

霊障は先祖からの祟り、「戦争しないでいられないのが先祖の霊障が戦争をする」。霊障を知らないのが欧米の白人である。白人の霊障者が戦争しないでいられない人種なのです。

霊障あるから国連で戦争しない議論ができないのです。天の声

霊障なくて、この世で、正しく地球で生きれば光より早いスピードで別天天国に帰天して往来可能です。だから悪い事をするな。石破茂氏を安倍晋三氏が総理にさせぬための宴会を開催した。拙著「免疫リンパ細胞若返り手技療法」１０２頁の写真参照。安倍晋三元総理と岸田文雄氏が結託して広島の参議員を落選させた。そして河合夫婦

を当選させた。それだけでなくて、岸田文雄を総理にさせた証拠写真。なお、地震豪雨、死刑前夜であり、あの酒宴で**石破茂氏を地獄に落とした証拠写真**。霊障の祟りで河合夫婦が**逮捕された**。（39頁・77頁ご覧ください。）

岸信介の先祖からの霊障の祟りあり戦争しないでいられない家系には善悪の判断不可能。

この祟りで自公政権は独裁政権党になり、国民の苦しみを分からなくなり**悪事を働き続けてきた**。**権力**で三権分立をブッ壊して蔑ろにしたことも忘れた。それに長期晋三政権の独裁政権ですから、**先祖代々から（真理）を忘れた**、だから自公政権は**悪事を働き続けた**。

〔悪い事をしたと思ったならば。反省し、謝罪し、償うことが大事。但し、謝罪も賠償も償いは相手と双方が納得解決成立した内容の根幹が真心。この全てのことを真理と言う〕。

北朝鮮と拉致問題を解決するには村山文学の「真理学」を用いて交渉すれば解決する。

総理になると国民のために働かずに身内のために働いた独裁者を説明する。

（日本学術会議が推薦した学者を任命拒否した事件。プラプラ息子を東北新社に入社させて権力で息子に特権を与えただけでなくて官僚に「菅様」と呼ばせていた悪、菅元総理）。（各論のことしかできない。知らない低次元の人）。

（重大1）、岸信介の家系図。安倍晋三元総理は複数人を自殺させた、モリカケ桜大事件。一例、祖父の霊障を継承した安倍元総理、加計学園も森友勅語小学校も我欲の身内の所有。

（重大2）の写真参照、岸総理も安倍総理も菅総理も岸田総理も先祖からの霊障者（藤蔓）から絡まれた樹木者。内心苦しく他人から殺されぬように魘され中、先祖代々から戦争し人を殺した人間の顔をした獣の霊障者です。バイデンもトランプもプーチンもゼレンスキーもネタニヤフたちも（獣の霊障者）だから戦争しないでいられない人間の顔をした獣の霊障人ですから魘されて戦争するのです。（天の声、戦争屋は人間の顔した獣の霊障者）

（重大3）の写真参照、この樹木は藤蔓に絡まれた霊障者の樹木。藤蔓を都職員が切断撤去してくれたから樹木が成長した。藤蔓がないから大丈夫なのですが、傷跡がある。藤蔓ないから心の中は大丈夫なのですが大丈夫でない。（心に後遺症あるから大丈夫でないのです）。

（大丈夫だから大丈夫なのだが大丈夫でないのです）。ですが心の中に後遺症があるから大丈夫でないのです。病気を改善させるために神通治療があるのです。病気を造った製造部施術するから心の病気が改善するのです。心の病気を改善させるために、毎月、第一第三日曜日十時から、セミナー開催していますから参加して下さい。会費三千円。

神通治療は病気の製造部を改善して、不成仏霊を供養すると難病が改善する。天津会では整体院、骨盤矯正、指圧が強めで気持ちが良い施術等をしていない。病気製造部をピンポイントにて探して施術して難病を改善する。難病、膠原病、がん等、西洋医学で治りにくい難病、西洋医学と併用した施術です。霊障供養施設ある。拙著「戦争しない道の自由の女神像」34頁をご覧下さい。（霊障者は人間の顔をした獣）。八代亜紀さんの病、天津会で改善可能。（獣と獣人の罪を祓う供養塔像）、博物館にある。

二億年ぶりに降臨した天の代行者。(霊障者を金木で供養したから大丈夫)。

安倍総理はA級戦犯を隠蔽した。北朝鮮と戦争して拉致被害者「救出」を目論んだ悪魔。

「2013年に山梨県の別荘で加計幸太郎・柳瀬官僚・安倍晋三・萩生田光一氏を携えて、加計学園建設を企んだ。ゴルフ開催も戦争するため。同年、ミャンマーに安倍総理が加計孝太郎理事長と一緒に行ったのも戦争するため。「安倍総理はヨルダンに出かけてイスラエルと共に私がテロに罪を償わせると約束をしたのも戦争するため。

安倍晋三はA級戦犯の岸信介の政治犯罪を隠蔽するために総理大臣になった獣人。北朝鮮と戦争して拉致被害者を救出する計画した愚か者の戦争屋。一括返還不可能なのに馬鹿だから考えた獣人。

岸信介には沢山の犯罪があるから、文鮮明と結託してA級戦犯罪が守られ続けられてきたから安倍晋三総理は統一教会を大事にし票貰って岸信介の悪政策を継承してきたのです。

自公与党政権党は心の狭い各論者、総論者になりなさい

政権交代しかない。カネが無いと政治家になれないと言う。**私は（信用）あれば当選できると言った。政権党は嘘ばかり言っているから（信用も信頼もない）。**「政治パーティー券売って9割儲けるとは詐欺事件」だから与野党間で議論しても埒が明かない。**国会で政倫審を開催しても政治資金規正法で議論しても埒が明かない。これでは政権交代しかない。**

政倫審での安倍派幹部の話によれば一度もキックバックの話をしたことないから知らぬ存ぜぬなのだ。4人の安倍派の幹部が同じ答弁。埒が明かない議論を「**各論**」と言う。『戦争する社会を各論と言う。戦争しない社会を総論という』。

（誰がキックバックの話をしていたのか分からないとの答弁）。そして記憶も記録もない答弁。ところが野党が調べたら、会談日が明らかになった。質問すると、あの日にキックバックの話をしていないから教えなかったと開き直った。（悪心を改善せよ、天の声）。どこの場面で聞いても皆で口裏合わせをしたから埒が明かない。こんな**下らない姑息的な議論を**（**各論**と言う）。**各論**は低次の議論。本書の第二章にて教えた

から覚えて下さい。

この前にも桜を見る会でも秘書だけが責任を取った。これでは自公政権党は反社会組織です。だから国会議員の真似して犯罪事件続出中。このような国会議員の汚い犯罪を解決する学問を「総論」と言います。総論を勉強する前に、再度「各論」の勉強しましょう

ここまで「各論」の議論だけを説明した「各論の意味を議員が知らない」だから国会議員は、無責任。知らぬ存ぜぬ。記憶も記録もないと平気で嘘を吐き国会議員が犯罪を働き続けた。「各論議員は低能な国会議員だから一つの小さい円形の各論内から脱出不可能」。（重大4）の絵図をご覧下さい。

ですから三十年前から村山文学が教え続けてきた。「各論者には天神との縁がない」（各論に沢山の各論学あるが）。ここでは政治と宗教と学問と心理の各論内だけ説明する。

・宗教、自民党議員は統一教会票を貫い議員になった。統一教会は低次元の各論内宗教。各論社会に戦争する法律あるから戦争する。

・政治、自公政権党は低次元の各論政治、知らない、記録も記憶もない犯罪政権。検察が調べた結果罪でないとの総理発言は各論の凡人。法の支配、法治国主張、この悪政治に国民よりも厳しい法改正して犯罪議員をなくすことを総論と言う。現在の自公政権は政権犯罪発生する温床議会です。現在の国会は政治犯罪発生する現場のことを「各論」と言う。

現在の法で裁いても埒が明かないから空しい国会裁判所になった。ですから直ちに国民と同じ法を利用して直ちに国会議員及び議員の政治犯罪を厳正に裁くことを「総論」と言う。（全体を考えられる人になりなさい、これが総論です）。〔本当に国会議員を裁くには国民よりも厳しい法を与えて国会議員を裁き健全な社会を構築することを総論と言う〕。これまで国会議員を甘やかしたのが間違い。これが天の声。

各論の中味を説明する、宗教も政治も学問も社会も心も全てが低次元の円形内で生活したことを「各論」という。狭い「各論」から脱皮し、大きい「総論」で生活して下さい。

白人の指導者のイギリスもアメリカもロシアもネタニヤフもバイデンもトランプも人間の顔をしたペット。人間としての根幹を知らない。知識が足らないから不平不満の陰謀者。丸い円形の（各論の中だけで生活していることを未だに知らない。脳みそが足らないから思うようになれないから悲しみ満足できない陰謀論者の利己主義者）。要するに（各論）の中の狭い場所だけで生きているから心が狭い、心が狭いから戦いや騒動させる陰謀論者なのです。

（陰謀論者の心の中は騙し騙されて生きているとの志向があり、人間としての根幹を知らないから金だけで生きているのが陰謀論者）。（政治も宗教も全てが丸い各論の中なのだ）。

肉眼に見えない素晴らしい広い世界あり光より早いエネルギーあり大宇宙への往来可能。

大宇宙に広い別天天国がある、地球人の心が貧しく自分主義の金権主義者の陰謀論者は不安心配性では被害妄想者になる。心の転換が必要。ですから村山文学を教えているのです。

世界中の宗教人も政治家も人としての根幹がないから。経済第一主義だから。地獄に落とされているのです。

地獄に落ちないために大きな心を持て、肉眼に見えない大宇宙を簡単に説明したのが（重大４）の絵図です。これが「総論理想の実現学と各論理想の実現学」です。その中の、（丸い各論の中に経済第一主義の低次元者、宗教家、政治家、地球人が生活しています。財金欲になり戦い自ら困窮生活中）この現実を教えるために私が二億年ぶりに地球に降臨し教えた。

各論は丸い円形だから安定しない、だから転げ回りぶつかり合う度に戦争するのです。

ですから大国は場当たり的に前ばかり見て戦争し神の子を殺し続けて世を壊し続けてきただけでなく反省も謝罪も賠償もせずに戦争を繰り返してきた。真理を覚えて下さい。

苦しく死んだ人を供養するために私は供養塔像を天から授かった。拙著「戦争しないための自由の女神像」と「天が善に開運と幸福を授ける」拙著の中の写真にて説明しています。

拙著「聖なる神通力」１９９５年発刊、43頁をご覧下さい。小生30歳時の体験著。アメリカはベトナムで枯葉剤を使いベトちゃんドクちゃん。グアム島の植物も樹木

（重大４）

絵図・総論理想の実現学と各論理想の実現学

天津ソムヌユルネ大神・別天天国の天神

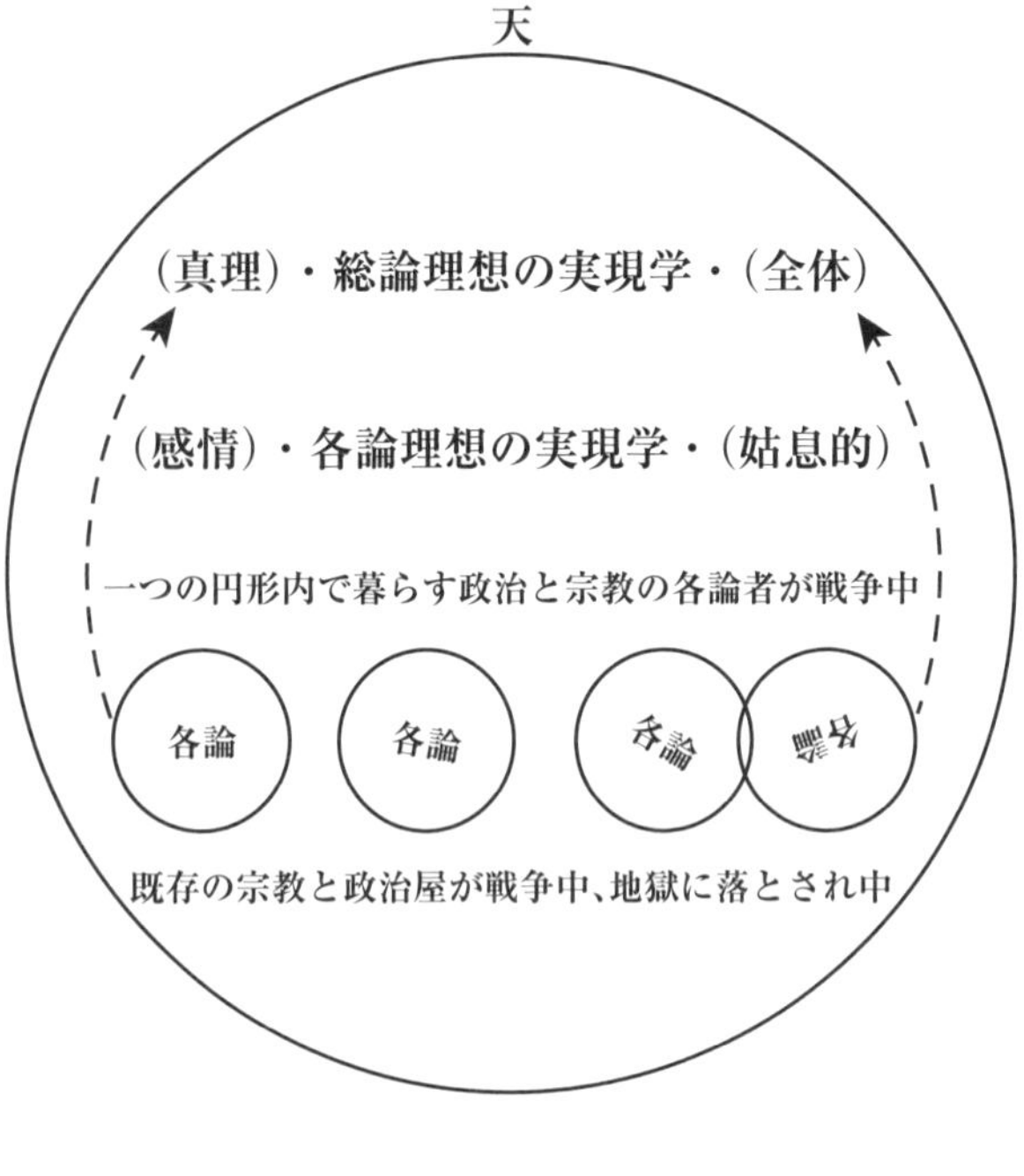

（絵図）。「総論理想の実現学」と「各論理想の実現学」絵図を紹介する。

も元気ない。米国は戦争するが反省しない国には真理がない。真理がないから戦争する。だから平和にならない。これが常識。悪い事をやり、気付いたなら反省も謝罪もする。アメリカはぶつかり合うと戦争してぶっ殺しても、そのままにして反省しないことが当然だと思っている人が多い。（30歳の時、グアム島で祈願したら横井庄一さんが夕方出てきた）

私は今、平和の話をしています。ところが信用できない人が存在していました。私を疑っていた人がいた。50年前のことです。東京新聞に載りました。と記載したことを信用することが出来ない人がいた。証拠を示せと言われたので、拙著「別天天国からの神の啓示」102頁をご覧ください。その時の新聞記事を載せました。

人間であるから悪いことをしたなら反省・謝罪して二度と悪事をくりかえさないこと・感謝して清く正しく生きて下さい。

真実よりも自分自身の感情に寄り添う情報を受け入れ都合の良い生活をしないで下さい。

｛大昔から人間が悪い事をすると犬や猫に生まれ変わると教えられて育ってきた｝。

犬や猫は悪人の生まれ変わりを知らないから地球人が犬や猫が可愛いからと自宅で飼ってきた。地球人はこれ以外のことを深く考えないで自宅内で可愛いからとペットを飼った。人間がペットに騙されて生きているから事件が多発するのです。「私は先ほどから、ペットは悪人の生まれ変わりだと教え続けた」。悪人の先祖の子孫がペットを可愛いからと洗脳されて飼わされているのです。

「悪人」とはどのような人なのか？　知っていますか？　知らないからペットを飼ったのですよ。最初は水子の祟りから始まる霊障。（重大2）と（重大3）の藤蔓の霊障を引用して見える形にして世界で初めて霊障を説明し表現した。とにかく神の子を困窮させた、殺害した犯罪の祟りが霊障です。この霊障の影響に寄ってペットを飼わされて子孫が洗脳されて戦争に繋がっているのです。この洗脳の祟りは戦争しないでいられない精神です。

ギャンブル依存症、麻薬、アルコール依存症よりも酷いのが戦争依存症。戦争屋のバイデン、トランプ、ゼレンスキー、プーチン、ネタニヤフたちが霊障人です。最新医学の神通療法で説明すれば戦争屋は「戦争の依存症の病気」です。戦争を止められない。戦争をなくせない。戦争しても、平和も、民主主義も、自由で開かれた社会を構築できません。

「ペットは悪人の生まれ変わり」と教えた。ペットは、元々人間悪の生まれ変わり。ペットの願望は人間になりたい一心。人間になりたいから人間の背中に憑依しているのです。

天の声。地球人は病人なのだ「絵図面と文章」で「総論」を教えた。（重大4）再度参照。

国会議員や宗教団体や戦争屋たちの**地球人は「総論」の常識を知らない、一つの円形の丸の中だけで生きているのです、教えても分からない。真理よりも自分自身の感情に寄り添う情報を受け入れ自分自身に都合の良い生き方をしているから「総論」を知らない。**

地球人は大宇宙の全体を知らない。どの場所で、どの位置で生きているのかを知らない。これまで何度も**総論（全体）**を教えてきたけど考えない。教えても考えられない。今生きているのに精いっぱいなのでしょう？　お金よりも大切なものがあるけど知らないのです。

一例、**私は天災**を教える。検索する方法は沢山ある。日本住宅研究所天津会、村山政太郎、天津会村山政太郎、株式会社日本住宅研究所天津会を検索、次の項目ある。**福島汚染水放流に天罰　天津会　村山政太郎　村山政太郎の日記がある。２０２３年**

10月12日、「天罰発生予言」。大異常気象・大天変地異・大地震。次々と予言的中する。天が地球人に教えても自分主義の悪人だから苦しみ地獄に落ちています。国会議員悪事を働くな。私は天の代行者だから予言すると的中することになっています。経過を取りあえず教える。

2024年1月1日、能登半島大地震発生、マグニチュード7以上。原発再稼働するな。

2024年4月3日、台湾に大地震発生、マグニチュード7以上。米に騙された天罰。

2024年4月17日、愛媛県に大地震発生。国民を騙して加計学園を造った祟り。

ここまで教えても地球人は**獣人**だから考えられない、死んでも**獣人**だから考えられないのです。天の代行者の私が教えても。自分だけが不幸にならなければそれで良い自分主義の**獣人**だから、教えられても、死んでしまっても構わないのが**獣人**の根性なのです。

地震博士の専門家の学者たちが世界中に沢山いますが、私の予言が的中してから、

分かった振りして、ああでもない、こうでもないと学者がテレビ等で報道しています。大学の超有能な教授たちには予言が不可能。大地震発生してから。こうなのだ、ぁあなのだと、テレビに出て強調しています。恥ずかしくないのか？　おかしな地球人なのです。

　この地球に沢山の宗教があり宗教団体ある。政治家も政権者も居るが**霊障依存症の病人ですから戦争しないでいられない病人なのです。この獣人は大宇宙の別天天国の**天との縁がないから予言が不可能なのです。予言しても的中することは不可能なのです。

　本物の宗教なら、災難や天罰を予言し信者を救える力を備えるべきです。**私がここで説明して教えてあげたいこと霊障。**小さな円形内だけで暮らさないことだが脱皮不可能。

｛先祖代々から悪いこと、堕胎を繰り返した悪。悪事をした人は犬や猫に生まれ変わる。この生まれた人は人間の顔だが心は犬猫（ペット）である。このペット人がペットを可愛いから自宅で飼ったから、背中に憑依されて、精神がおかしくなり戦争依存症の病気になり戦争しないでいられない｝。

●心の病気（依存症）を改善させるには手紙が必要

再度、（重大2）と（重大3）の霊障者の人々たちを説明する。58頁参照。（重大2）、人間の肉眼に見えない、霊障の姿を説明する。

この（重大2）の写真を説明する。この現物、東京都立石神井公園の「三宝池」の湖畔にある貴重な樹木を説明する。樹木に触れないでご覧ください。

●先程から説明している通り、白人が先住民を殺害（神の子）を殺して土地などを奪い取った大罪がある。このことを天は許していない。だから今教えているのです。

一般社会を教える。政治家と宗教家たちが悪いのが不倫の水子と戦争。「水子は神の子」ですから供養必須。供養しないから地球人が苦しい生活をしているのです。

水子は自分自身の犯罪です。「三宝池」で樹木を観察してください。自分自身の悪い行いをやったから、自分自身で自分の人生を台無しにしている様子を確認

することができます。この現場の樹木は自分自身の一本の樹木。この自分自身の身体に自分で絡みついて自分自身を苦しめているのが「霊障」。この霊障が「戦争依存症」です。

（重大3）の霊障を教える。本書59頁、霊障に憑依されると治らないと記載した。天津会では犯罪でも悔い改めれば供養して成仏させる供養塔像があるから安心です。締め付けられた傷跡あるが大丈夫です。**幼児期に転んで膝に傷跡あっても、今は大人になり元気に生活しているから健康であり供養すれば安心です。**

・都立石神井公園の現場を教えた。樹木に触らないようにお願いします。

村山政太郎より。

（重大4）の絵図を再度説明するから絶対に覚えてください。

総論の世界を覚えること

「総論の社会」と「各論の社会」とは次元が違うことを地球人は誰も知らないか

ら今教えているのです。
再度〔絵図〕をご覧ください。（真理）・総論理想の実現学・（全体）の文字を確認して下さい。この世界・社会に戦争がない・戦争しない法律がある。戦争しない世界・社会です。

（重大4）の絵図で神界分かれば面白い。
●天津ソムヌユルネ大神が地球人を生かしているのです。
各論人……戦争する法律あり苦しい。
総論人……戦争しない法律あり面白い。

第三章
戦争依存症と膠原病等を神通治療で改善する

「トランプ大統領が北朝鮮に平和をもたらす」これが天の予言

天神の予言書、２０２０年発刊著「大宇宙の別天天国に行く」第五章参照。１８９頁をご覧ください。四年前の私の予言をブッ壊したのが安倍晋三元総理である。

（特注）四年前「トランプ大統領と金正恩委員長と南北朝鮮戦争終結儀式完了した。オバマ元大統領が再び大統領に勝利したのは、ノーベル平和賞を貰ったから」と、四年前に教えた。

この拙著は、世界中に発刊した。人気拙著。紙の本から英語版から英語電子書籍の発刊、アマゾン公式サイトでは五つ星の人気拙著。

・トランプ大統領は長期に政権取りたい欲望あり、ノーベル平和賞を貰いたい願望ある。

あの時、天の予言に反発し平和を壊したのが安倍元総理です。今も残党が日本国を壊している。これから絶対に戦争する心になるな。そのために私が発刊しているのです。天の声。
　再度トランプ大統領になれば長期政権を目指したい、それにはトランプ大統領は北朝鮮と戦争終結宣言したい。既に過去に成功したのを安倍晋三がブッ壊した。安倍晋三政権時、米国トランプ大統領と北朝鮮が平和条約を締結し、ノーベル平和賞を受賞する予定だった。

　この私の予言をブッ壊したのが、A級戦犯岸信介「孫」の安倍晋三元総理だった。拙著「大宇宙の別天天国に行く」、第五章に記載した。（余談ですが、晋三元総理はぶっ壊し屋なのだ、モリカケ桜からアベノミクス、現在の円安、経済までブッ壊した。馬鹿とバカの外交だから良いように見えただけなのですよ。戦争したのは馬鹿だから戦争したのです）。（黒塗りの公文書を開示せよ晋三は悪魔）
　次の選挙でトランプ大統領になり北朝鮮と戦争終結することになる。難題だから沢山の拙著を発刊した。「戦争解決方法」から「戦争するのは戦争依存症だからだと」教えた。
　私は、トランプ大統領になれば全ての問題が解決できると説明していない。トラン

プは自分主義であり貪欲者だからこそ北朝鮮と平和・戦争終結すると申し上げたのです。

戦争屋の先祖代々から天の子を殺したから霊障が発生した。**霊障が戦争をさせているのです。**この病気が**戦争依存症の病気です。この患者が安倍元総理であり忖度者です。**

この天の予言に反対する人がいたなら、それは、A級戦犯の岸信介元総理と安倍晋三元総理に洗脳された残党だけです。既に**北朝鮮に平和をもたらす空気は動き始めた。天の声。**

真理を覚えて下さい。

「悪い事をしたと思ったならば、反省し謝罪し償うことが大事。但し謝罪も賠償も償いは相手と双方が納得解決成立した内容の根幹が真心。真理の実現あれば平和になれる」。

真心の真理が北朝鮮に平和をもたらす。岸信介は犯罪を隠蔽し戦いばかりやり続けた悪党。

大切なことを教える。
トランプ大統領は北朝鮮と戦争終結宣言する。予言。
・トランプ大統領はアメリカと北朝鮮が戦争を終結させる。予言。
・トランプ大統領は戦争終結費用として、日本国から、莫大な戦争終結費用を巻き上げて、トランプ大統領と北朝鮮と日本国との戦争を終結させる。この時に日本の政治家は北朝鮮に核兵器廃絶を要求するな。なぜなら核を廃絶する費用を日本が持つことになっているからです。核廃絶費用を日本国の子孫が支払うことになっているからトランプにも北朝鮮にも要求するな。過去にこのことをトランプが考えていた。今回戦争終結しないと永遠に不可能になる。福島原発の汚染水を海に放流したから天の祟りで大地震、天変地異、異常気象、が発生しているのです。天の声を受け入れないと天罰で、日本の国力も経済もブッ壊れてしまう。再度教える。日本が北朝鮮と核廃絶交渉すると永遠に日本国が核廃絶費用を支払うことになっているから、絶対に北朝鮮と核廃絶交渉するな、戦争終結宣言を成立合意せよ。天の代行者の話を受け入れないと大失敗する。これが天の声である。

拙著「大宇宙の別天天国に行く」第五章に詳しく戦争終結したことまで説明した。この話をブッ壊したのが安倍晋三である。安部晋三が北朝鮮問題を解決できない理由を説明した、第一章に分かりやすく記載した。核をインド、パキスタン並みに認めなさい。

戦争を止められないのは戦争依存症の病気だから戦争する

本書、第二章、戦争依存症の病気になる事を記載したから再度、熟読をお願いします。

イスラエル・ネタニヤフは数えきれない善人を殺した。ロシアのプーチンもアメリカの大統領も数えきれない人を殺した。日本のA級戦犯の岸信介も数えきれない人を殺した人。

その孫の晋三が継承し悪策を実行して再起不可能な国家にしてしまった。これが現実なのに残党の忖度者は未だに安倍晋三の大罪を認めない。晋三は戦争依存者です。大谷野球の水原氏はギャンブル依存症だから逮捕されました。安倍晋三及び残党を逮捕すべきです。

本当の人は善悪の判断できるが孫の安倍晋三総理は、モリカケ桜等の事件を多発させた。

人間なら、**赤木さんを自殺させない。**大昔から人が人を殺すと天罰で二度と這い上がれない地獄に落とされると教えられて人間は成長して生き続けてきた。知らないのか？

自分自身が直接に殺さなくても、他人に依頼して、指示して一人だけでも殺したなら二度と這い上がれない地獄に天から落とされています。**霊障人は国を守れない、兵器があるのに満足できない、戦争依存症患者だから、憲法改憲し武器を揃えて**国を守ると言う人には先祖代々から**大きな霊障がある。この霊障者に、大宇宙の別天天国の天神が悪人を地獄に落としているのです。このことを教えるために私が二億年ぶりに降臨して教えているのです。**

戦争したい人、戦争している人たちが毎日心の中から魘されて生きているのです。怯えて生きているのです。悩んで生きているのです。精神が病んで生きているのです。満足できなくて毎日心が苦しんで生きています。先祖代々からの霊障があり、他人を殺さないと自分が殺されるとの思いで生き続けてきた。この人が霊障者。

だから悪いことするな。

自民党の国会議員が闇献金で問題化中。これが心からの霊障者。天の声。世襲自民党議員は先祖代々から悪事を働いた罪ある。この罪を隠蔽するために大金が欲しい心理。大金あれば自分の命を守れるとの汚い思いの心理。この汚い心理で秘書の会計責任者に罪を被せてきた。国会議員や政治家と話をすると勉強をしていない、何のために政治家になったのかも分からない。大金と政局だけ。人間としての根幹を知らない。

大金あれば、大宇宙の天神からの天罰から逃れられるとの思いで経済界等から大金を集め貯めこんで生きた貪欲。（霊障者は人間でないから大金あれば何とでもなるとの思いです）。

政治家を改革せよ。自民党には世襲議員は要らない、世襲議員が悪事を働いた霊障者。

自民党議員は汚い組織団体。地獄に落ち込んでも清く正しく生きるために自助努力せよ。

アメリカ人はイスラエルのネタニヤフが毎日一方的に塀で囲んだ中に押し込んで出

入りできなくし、どうしてハマスの住民を無差別に殺害しなければならないのですか？

アメリカ軍が同盟国と一緒になり、周りの国のイラン、ロシア、中国、北朝鮮、イスラム国の国々を敵国にして戦争資金と優れた大量破壊兵器を豊富に持ち戦争して悪を正当化して戦争に勝利することと、強くなり如何にして世界をリードするのかだけを考えているだけの獣人だから戦争を止められないで何時までも戦争するのが戦争依存症なのです。

（これまでに戦争をなくすことや、本物の平和や民主主義や本当の自由を構築することや、二度と人を殺す戦争をなくすことをこれまでに一度も深く考えてこなかった）

私はこれまで、国連で戦争しない議論をお願いしたけど、一度も議論をしていませんん。

天の声、

アメリカもイスラエルも先祖代々から戦争して人々を無差別に殺した罪の霊障がある、だから天に祟られて魘されて生きているのです。自分を守らないと殺されてしまうとの思いに魘されて戦争しているのです。この心理が霊に怯えた霊障なのです。

・小池都知事になる時、神学論争はすぎたと言い都知事になった。これまでに一度も神学の議論をしていない。これまでにやってきたことが宗教論争です。シッカリ覚えて下さい。

・ダメ人間が現れた。小泉純一郎総理。竹中平蔵氏の自分主義を検証せよ。小泉進次郎幹事長。河野太郎官房長官。木原誠二さんを政調会長等と言いだした。これが悪党の修正不可能な自分主義。萩生田氏が新自由主義者だから日本国をブッ壊した、薄っぺらな我欲政治になった。

偉くて自惚れた者は、私が何を考えて本を書いているのかも、私の気持ちも分からない下らない人がこの世に居るのです。

現在、苦しい人殺しをしている、止められない下らない戦争をしています。私は天の代行者として戦争してほしくないから、一生懸命になって拙著を発刊してこの地球の一人一人に戦争すると不幸になるからしないように本を書いているのです。この世で今、生きていることだけが生ではないのです。肉体が死んでも生は永遠に生き続けるのです。

現在の地球人は肉体が死亡すれば死だと思って生活しています。ですから質問するから答えて下さい、貴方は百歳まで健康で生き生きと生きられない、体調が崩れます、肉体は短命なのにどうして「戦争」するのでしょうか？　短命だからこそ肉体を大切にしなければならないのに、どうして戦争して人を殺すのでしょうか？　私は悲しくなる。

米国米軍は、これまでに数えきれない、止められない戦争をして、一度も平和も自由も民主主義も構築することが出来ないのに、なぜ戦争するのでしょうか？

肉体が死んでも、魂は永遠であり死がない。霊障も肉体が死んでから現れる祟りです。

神通治療も肉眼に見えない技術で難病を改善する施術。特徴は病気を作る製造工場を探すのも自由自在に指先が移動し膠原病も難病をも改善させて健康に蘇らせてしまうのです。

小池百合子氏「安保法は遅きに失した」と嘘の公約をして都知事になった

〔注〕（小池百合子都知事の言葉。父親から「戦争したらあかん」「戦争しないための方法を考えるのが政治」と強く言われてきた。エジプトの留学時代には第四次中東戦

争を体験し、女性初の防衛相を務めた。「平和・平和と言っている神学論争の時代は過ぎた。世界を見て、日本がどうあるべきかを示すべきだ」

安保法については「アジアや国際社会への脅威が明らかな中で、日本の平和な社会を持続、発展させる必要がある。安保法の成立は遅きに失したぐらいだ」などとの発言は本物の神学を知らないで都知事になった人です。

「平和・平和と言っている神学論争の時代は過ぎたとの発言」。本物の神学知らない人の発言。これまで一度も「神学論争」をしていない。「宗教論争」をやり続けただけです。

本物の神学を簡単に説明する。〔国連で戦争しない議論をせよ〕これが本物の神学です。

これまで、地球の政権者が悪事をやり続けたから祟られて「戦争依存症」の病気になり戦争を繰り返しているのです。そうして、安全保障、憲法改正をなどとバカが叫んでいます。

村山文学に本物の神学ある。勉強せよ。学べ。地球の政権者全員が神学の勉強をせよ。

本書、第二章の（重大4）の絵図をご覧下さい。小池氏が発言した宗教論争とは？

（円形の各論の中での次元の低い各論）。円形内の各論と各論がぶつかり合っているのが戦争です。

「政治」と「宗教」と「国民」は、自立して正しい道の議論をして正義を構築せよ。東京五輪、電通の闇、子会社との癒着などなどカネにまつわる依存症、小池氏が意表をついて、晋三は私の横腹を刺したと回顧録にある。これが各論、政治も宗教も進化ゼロ。

本書「政権飲存症最悪・末期症状」小池都知事は他人を悪利用したこと最悪。カイロ大学を卒業していないこと最悪。心に毛が生えた心で嘘を吐き続けて正義感を肯定して他人を利用した。感謝と恩を表さない汚い心の女性。人間としての最も大事な根幹がない。

司法を政権者が（おもちゃ）扱い、これが間違いであり最悪。これで人民の心も社会をもブッ壊した、善悪の見分けできる能力まで削いだ犯罪を天だから許さない。

小池都知事はカイロ大学を卒業していないから都知事に当選したが無効。辞任せよ。

安倍晋三総理に続き、小池百合子都知事に、天が天罰を下して地獄に落とすことにした。

動物にエサをあげて引っ張る行為。これが馬鹿扱い、これでは動物も人間も育たない。

卒業していないから顔を見るだけで分かる。神学を知らないから苦の掟を知らない。お世話になった恩人に嘘をつき感謝しない利己主義者を天は嫌う。学歴を騙して都知事に誰もなれない。ところが小池は都知事になった。図々しい女、弁えない心に天罰下す。

本書、第二章にて、霊障、依存症は肉眼に見えないが見える姿にした（重大1）、（重大2）、（重大3）です。この現実の真を知れば誰もが、居ても立っても居られない心境になる。

小池都知事が、神学論争の時代がすぎたと言ったから、天が教えます。

小池氏は本物の「神学教」を知らない、知っていたのは各論の低次元の宗教を知っていた。

小池氏は低次元の各論の宗教論争を知っていたのです。小池百合子さんは、円形の中の各論だけの世界で生き続けてきた次元の低い人です。

其れだけの知識だけですから、父親の思いを実現しないのですよね。「**父親から戦**

争したらあかん」「戦争しないための方法を考えるのが政治」と強く言われたと言っていましたが何もやっていない。父上の思いを実現しないで樹木の気持も知らないで伐採した。

本物の「神学教」を知らないから教える。

先程、各論の円形の中だけで小池さんは生活してきたのです。人間として成長したなら、各論だけでなくて、「総論理想の実現学」を学ぶ必要があることに気付けます。足らないところあれば、本物の人間になるために、村山文学の総論理想の実現学を学びます。

上には上があることを覚えて下さい。

先程、本書、第二章（重大４）絵図を紹介した、この絵図の本物、「大宇宙の別天天国に行く」２１７頁、これが本物の別天天国の絵図です。この絵図では各論を説明することが難しいから、（重大４）の絵図に簡素化して大宇宙と各論の世界を分かりやすく説明した。常日頃から大きな心を持たないと次元の低い、姑息的で場当たり的な各論しか考えられない。

米国野球の大谷翔平選手と水原通訳は世界一の人気者でした。今では、月とスッポンです。去年までは二人とも世界で最も有名な野球選手と通訳でした。大谷選手もファンも勝ちたいだけの真理です。単純です。優勝したいから、移籍した勝負師です。高低の次元がある。

通訳の水原氏はギャンブル依存症ですから逮捕された。既存の宗教と米大統領も自民党政権も通訳の水原氏と同じ病人。（親分の安倍晋三の忖度者の萩生田も岸田総理も小池知事も東海大の末延氏）もポチ病人の犯罪者ですから、水原氏と同じに逮捕すべきである。

水原氏はギャンブル依存症賭博依存症です。自民党の政治家は、「戦争依存症」と「詐欺依存症」ですから、水原氏と同じに逮捕しなければならない。この病気を改善するために第二章を書いた。野球も勝負の世界だと聞きます。政治も勝負の世界だと聞きます。勝てばいいだけの単純な悪魔になってしまいました。ですから村山文学があるのです。

去年まで、大谷選手も水谷通訳も、最高級の大金を貰い、世界一の人気者同士でした。

これと同じなのが自民党の国会議員。政治資金の政治とカネの政治犯罪者は自公与

党議員の自民党の国会議員です。犯罪の当事者なのに、反省も謝罪もしないで、犯罪から逃れることだけを考えている悪魔です。反省し償いしなければ天が天罰で地獄に落とす。

自民党の国会議員は「戦争依存症と詐欺依存症」ですから水原氏と同じに逮捕せよ。世界中の政治家が、戦争依存症だから、水原氏と同じに逮捕すべきである。天の声。

政治家も宗教界も自分主義者です、自民党は政治とカネの問題と犯罪を造り権力で潰して犯罪者になりたくない悪魔集団。(国民のためにやらないで偉ぶるな)。

こんな悪魔の塊だから戦争のない平和を心から作らない悪魔たちなのである。

この悪魔は集団です、塊であり戦争を企んで生きて戦争することを絶えず考えて企んで生きているのです。この悪魔は戦争国に援助して戦争を支援しているのです。

この悪魔の塊や集団によって困窮生活しているのが国民です。私は天の代行者です。

人類が知らないことを教えているのですが、自民党のように悪魔が繁盛している政党に教えるのに肉眼に見えないことを教えないと納得しない。私は心理学者であり、社会心理学者でもある。このようなことを話している、私の心を自民党国会議員には分からない。

自公党政権の政治とカネの事件犯罪も世界のどこかで戦争するのも戦争依存症の病気だから病気が犯罪を発生させているのです。病気であっても天は犯罪を許さない。自民党は自分自身の犯罪を反省も謝罪も償いも賠償もしない不届き者の悪魔を天は絶対に許さない。二度と這い上がれない地獄に落としているのです。自民党政権は病気の犯罪者なのです。病気であっても悪い心を反省し謝罪し罪を償わないと、天は政治犯罪を絶対に許さない。

「自公党は詐欺依存症の病人」。「通訳の水原氏はギャンブル依存症」、同系統の病人。「アルコールや薬物依存症」。大谷野球、水原氏はギャンブル依存症で逮捕された。

水原氏はギャンブル依存症で逮捕されたから良かった。「**自民党はカネ依存症**」なのに**逮捕しないからおかしい**。逮捕しないと分からない病気。水原氏はギャンブル依存症の病気犯罪者だから逮捕した。国会議員は会計責任者に罪を被せたこと犯罪。逮捕せよ。（カネよりも大事なのが信頼・信用あれば当選可能）これ根幹。

今回「拙著を発刊した理由、裏金事件も戦争も依存症の病気なのだと教えた」。本書の第二章にて、自民党の悪魔の依存症の病気を教えて、病気を改善させる方法まで教えた。

（信用）あれば当選して国会議員になれる。（自民党は国民を騙しているから信用がないからカネが必要なのだ）。分らないのか？

　過去の自分たちの過ちや悪事を棚に上げて、法の下で自由で開かれたアジアインド太平洋、力による現状変更を許さない、東シナ海を侵略した中国を許さないと言っている心が戦争する依存症の病気なのだと気付いて下さい。戦争を始めたのも、戦争しているのも、戦争を止められない心も、戦争依存症の病気だと本書にて説明して教えた。米国がこの依存症だから戦争しているのです。平和も自由も民主主義も育たない、戦争依存症が困難なのです。白人米人は先住民を殺害して、現在生活している場所を奪いとった悪い人です。

　自民党の国会議員が、テレビに出てここに書いていないから犯罪にならないと強調した。今回も政治資金規正法に書いていないから犯罪にならない。犯罪の繰り返し**「罪にならない悪法」**。闇献金を懐に入れることを**正当化した法案**。国民の皆さん、**自**

民党議員を当選させないこと。清潔な社会を構築するには政権交代しかない。悪いことしたから信用がない。

病気製造部を探し施術し病気を改善させる療法が神通治療

現在の西洋医学でも先端医学でも病気製造部を探すことも施術することも不可能。神通治療は病気製造工場を施術するのが神通治療、膠原病も難病も肺癌も改善する特技ある。これが神通治療です。

拙著「がん免疫リンパ増殖手技術書」21頁をご覧下さい。私は一年半クリニックに勤務して書いた本です。

現在の西洋医学でも指圧やマッサージや東洋医学でも「病気の製造工場」を探すことが絶対に不可能なのです。此の世で誰も探せない製造工場を探して膠原病、難病等を神通治療で改善させているのです。

これだけではなくて、心理学、社会心理学などのセミナーを開催しています。第一日曜日と第三日曜日、十時からセミナーを開催しています。費用、三千円です。（株）日本住宅研究所天津会（あまつかい）村山政太郎。天津会。検索。

練馬区高野台3丁目30－9で整体院や占いの紹介あるが、当社は**営業していない。嘘です。**●営業所は一ヵ所だけ。（株）日本住宅研究所天津会　村山政太郎、住所、練馬区石神井町7丁目9－3、電話03－3995－5924番、アメーバブログ村山政太郎の日記　ご覧ください、無料です。

整体院の技術内容、骨盤矯正やマッサージのサービス、指圧が強めで気持ち良いとの評価は他店の宣伝です。**当社の営業ではありません。**

（株）日本住宅研究所天津会　村山政太郎、03－3995－5924番、石神井町。7丁目9番3号。

当社の活動、練馬区産業見本市ねりまEXPO健康ゾーンで新技術を公開中です。・練馬区主催。当社の紹介、株式会社日本住宅研究所天津会、毎年施術実演しています。

一、国連で戦争しない議論すれば戦争なくなる。

二、がんや難病になる原因、病気を作る製造工場があるから、がんや難病になる。

三、神通治療、病気製造工場を施術するから、がん病や難病が転移しにくくなる。

区内の優れた技術や特徴的な商品を多くの区民の皆様に知って頂くことが目的で開催されています。〔以上、練馬区で公式に報道されている内容です。村山政太郎〕

一般社会では、がんや難病を改善させることが難しいと判断されています。**神通治療は膠原病や難病を改善させることは簡単ですが、心の病気を改善させることの方が難しい。大事なことを説明する。**

がんや難病や心の病気を改善させても戦争し殺害するから何にもならない戦争するな。〔戦争するのは、**戦争依存症だから**戦争する心の病気なのです〕。

> ●心の病気を改善させるには、私と患者と患者家族と直接に対話して納得してもらわないと心の病気を改善することが難しい。手紙が必要です。心に霊障があるからです。

主人、お義父さんも仕事が忙しい中
私の嫌な気持ちを聞いてくれて理解し、寄り添って
くれ、自分は1人で苦しんでいるのではないということに
気づかせてくれました。

そして、そういった日々から天津会にお世話になりたいという
気持ちになり、神通治療を受けさせて頂けることになりました。

村山先生の神通治療に通わせて頂くようになり、
パニック発作、動悸、めまい、頭痛、不眠、食欲不振、吐き気等
その他にも色々と体調不良がありましたが、改善されてきました。
そして先生は、いつも色々なお話をして下さり
神通治療だけに頼ってはいけないこと、自分の心を
大きくしないといけないことや、体に良いことなど
たくさんのお知恵を授けて下さりとても有難く思っております。
これからも努力し、仕事復帰し以前の様な生活を送れるよう
になりたいです。

2024.1.10
冨樫 実希

天津大祖大御神様、天津祭神の大御神様
村山先生様

日頃より、私たち家族を御守り導き頂き有難うございます。

私は、2023年4月に自宅で過呼吸を起こして倒れ
検査では異常は無かったものの、その日から自律神経の乱れによる
パニック発作を起こすようになり体に様々な不調が出るように
なりました。
仕事も休職し療養生活が始まりましたが、長くなるにつれ
心もしんどくなっていき、自分はこのままどうなってしまうのだろうと
いう不安と焦りが積もる日々でした。

家族にも、今までのように思うように色々と出来なくなって
迷惑をかけてしまっている自分がいて、申し訳ない気持ちが
大きくなりました。
しかし、家族がいてくれるからまた以前のように元気になって
過ごしたいという気持ちも強くありました。

天津大祖大御神様
天津祭神の大御神様
村山先生様

日頃毎日嘉泰家を御守り、導き健康に過ごさせて頂き有難うございます。
天津神様、村山先生様有難うございます。
毎月、ミキの神通治療して頂き少しずつですけど色々な事が一人で出来るようになりました。一人で買い物が行けず、スーパーも行けなかったのですが、ミキは、一人で自転車に乗ってスーパー買い物に行く事が出来ました。一人で行くのは一年ぶりで自分の中では、緊張があったと思いますが行く事が出来て本当に嬉しかったです。久しぶりの自転車に乗って風が気持ちいいと笑顔で言っていました。有難うございます。

先日、ミキと娘と息子3人で、コンビニに買い物に行って、その帰りに川に散歩に行ったと言っていました。僕は話を聞いた時は、本当に嬉しかったです。有難うございます。ミキは毎日家事をしてくれて子供の事をして頂いてご飯を作ってくれています。有難うございます。
天津神様、村山先生様のおかげを頂いてミキは健康で色々な事が出来ています。有難うございます。
天津神様、村山先生様、有難うございます。感謝申し上げます。
これからも宜しくお願い申し上げます。

二〇二四年四月七日　冨樫 嘉泰

誰も好きで病気しない、自殺もしない。祈願の手紙

〈天津会に来て神通治療で病気改善したから喜んだが、真理を妻に尽くせ〉。〈過去に病気した。その苦が貴方の宝。この宝の学びが力であり病気が改善した。苦労した体験も自信になった、その心の思いがプラス思考力になり健全になった〉。まだやることある。毎月第一と第三日曜日、十時からセミナー開催しています。その時、分かりましたか？ と質問すると、「分かっています」と答えてくれる。私はその時、「分かっています、ではないでしょう？」と、忠告する。「私の気持」分からないのですよね？

一例、振魂は正しくトントンして病気を造る製造工場を探して患部を改善するのが神通治療です。振魂技術が備わらなければ、天津会に来ても意味がない。「私の気持」を分かってくれたなら、天は、どなた様にも（聖なる神通力者）になれる資格を与えます。

（振魂）技術を身に付けなければ天津会に来ても意味がない。お金を使っているのですよ。

（最初に素直な心と気持ちを持たないから、振魂も、聖なる神通力者になれない）。（素直な心でないから振魂が心身に授からない）、我流では聖なる神通力者になれない。

聖なる神通力者や振魂技術者になれなくともよいと言わないこと、素直な心にならないと聖なる神通力者になれない。新会員が素直な心ですから早く、振魂ができるようになった。

（天神と合一できないと聖なる神通力者になれない）、絶対に聖なる神通力者になる決意を心の中に持たなければ、振魂技術者にも聖なる神通力者にもなれない。

世のこと、「騙したり騙されたりしているとの冷めた思いが心にあれば」、振魂技術、聖なる神通力者になれません。環境を改善して心を明るく、心が広く豊かでありたい。（苦労しすぎると誰でも心も魂も冷える。心が冷えてしまうと、この世の人は、騙し、騙されるのがこの世だと話される。この心の思いを、マイナス思考と言う、繁栄しない）。

此の世で偉いと言われている人々が悪事を働いている、（最も残酷な犯罪は戦争です）。諦めないで地球全体の幸福を考え、プラス思考の心になり幸せになって欲しいから戦争するなと教え続けています。私は戦前に生まれ戦争を体験し苦労したが、苦労したからこそ学んだものが沢山ある。これが私の宝でもある。

私は真剣に平和に取り組んでいます。だから国連で戦争しない議論を求めているのです。

これまでの世界中の政権者や大宗教者は、私欲であり、利己、自分主義であり我欲であり真剣にプラス思考の清く正しい社会作りに取り組んでいない。戦争しない、戦争をなくす、平和、民主主義、自由も真剣に考えなかった。村山文学のプラス思考にて平和構築可能。

（政権指導者が戦争依存症の病人だから戦争止められない。これまで天の代行者が地球にいないから平和構築不可能でした）。天津会員の皆さんも未来の平和を考えて下さい。

天津会員の皆さん、病気回復した患者と家族の感謝の手紙を熟読し感想を述べて下さい。

原則的に神通治療は毎月一度で宜しい。２０２３年４月より病気になり職場に行けなくなった。神通治療は、２０２４年４月18日に心の病気が改善した。

病気回復して元気になり、病気が治ったので職場に電話したそうです、そしたら4月22日から来てください、待っていますとの明るい言葉を頂き楽しく働いてくれています。

職場は消化器系の病院の医療事務の仕事が始まりました。心の病気は、西洋医学で治せない部門、神通治療は、病気を作る製造工場を中指一本で施術するから、膠原病でも治りにくい難病であっても神通治療で改善することが出来ているのです。

一度の電話一本で4日後に働いているのは、元々から信頼があるから働けているのです。

日本国の自民党政権は信頼を取り戻すと言っているが不可能。元々から自民党は悪事を働きすぎたから信頼ないから信頼を取り戻すことが絶対に不可能な依存症の病気政党です。

患者さんの手紙に書いてあったこと「主人、お義父さんも仕事が忙しい中、私の不安な気持ちを聞いてくれて理解し寄り添ってくれ自分は一人で苦しんでいるのではないと言うことに気づかせてくれました」。との文面、私は天の代行者だから事前に教えて実行させた。

夫は妻を好きなのに口喧嘩して負けて卓袱台をひっくり返して、空き缶を夫が妻に投げつけた。だからショックでシンドイ心の病気になった。妻の母親は（孫二人と娘の苦痛）に耐えられなくなり自宅に帰宅した途端に自殺した。この事実を私に教えないで相談するのが現実。心から病んでいるのです。

口喧嘩が絶えないから離婚話になった。（**原因は口喧嘩**）。相談される以前に私は天の声を聴いていたから助けるために謝罪を実行させたのです。

自民党も統一教会も困窮者を助けない「宗教と政治が癒着、結託」し集票に躍起です。

拙著「**戦争語録忘れたか**」１２８頁参照。**キリストを「磔」にし殺した悪魔のキリスト教。そうして悪魔が造ったのが現在のキリスト教です。**この他に沢山の悪宗教があるから詳しく記載してあるから覚えて下さい。

地球には沢山の宗教団体あるが全部が**インチキ宗教団体ばかり戦争しないのが宗教のはず。**

ここで本物のソムヌユルネ大神。１６３頁参照して覚えて下さい。

一例、拙著「免疫リンパ細胞若返り手技療法」39頁参照、A級戦犯岸信介の証拠証明。77頁と１０２頁をご覧下さい。

人を殺してはいけないのです。人を殺すと、必ず霊障に絡まれて再起不能になる。

この現実を説明したのが、本書の第二章です。〝安倍晋三が天に祟られて殺害されたのです〟

絡まれた霊障者は他人を殺さないと自分が殺されるとの思いになります。イスラエルのネタニヤフが、悪魔の所業である、戦争して神の子を殺害しているのです。どうして神の子を殺害しているのですかと、尋ねて下さい。霊障の祟りで戦争しないでいられないのです。天の祟りで魘されて生きているのです。肉体が死んでから本格的に天から祟られて苦しみ続ける哀れな下らない悪魔の獣人なのです。戦争依存症の病気を天津会で改善できています。

人間としての根幹を教えてプラス思考で明るく生きて希望を持って正しく生きて下さいと教えてきたが、「世の中は騙し騙されて生きるのがこの世だと発言した会員がいた」。

〝これまで私が教えてきた事、人間として最も大切な根幹あります。好きで病気や災難で不幸になったのではない、今は病気や災難で不幸ではない、その病気や災難に出会った体験をプラス思考に考えて生きることが、人として最も大事な根幹だと教え続けてきた〟。

｛騙し騙されて生きるのがこの世であると解釈して生きている人は冷めた心で生きているから発展はあり得ないし寂しく悲しくひっそりと生きることになり空しくなる｝。騙さない人になること、騙されない人になること、仮に騙されたなら、騙されない人になることが大事。

｛天津会で私が教えていること、人を騙すような人になるな、もしかして騙されたなら、二度と騙されない心になることがプラス思考なのです。このことが人間としての最も大事なプラス思考であり人間としての大切な根幹なのである｝。「この現実的誠実なプラス思考人に最高の天津ソムヌユルネ大神が振魂技術を天授する」

（注目）「頂いた夫婦の手紙の内容を説明する」手紙によれば、夫婦間の暴力についての記がない。卓袱台をひっくり返したこと、夫が妻に物を投げ付けたことを書いていない。

　このような暴力を振るう男性と娘が結婚したなら母親は悲しみ、娘の家庭を壊すわけにもいかなくて、子供がいるから離婚させるわけにもいかない、心が切なくなり悲しくなり、母親が自殺した。このように暴力を振るう夫の心は非常に弱い人。総論学を勉強せよ。

この弱い心の人は、異性者がいなくなり、離婚したなら、心の病気になり、うつ病になり寝たきりになるのです。行動しなくなる。常日頃から、未来や将来のことまで考えられない未熟な単純な心だから暴力を振るったのです。

心が小さくて弱いのです。一人で生活できないのに、夫は妻に暴力をふるったのです。妻も妻の母親も夫の暴力の「ショック」のダメージに参ったのです。

・母親が自殺した。

・夫の妻がパニック障害の心の病気になってしまった。

・人間は簡単に「ショック」で人は簡単に死ぬ。嚇しは犯罪です。覚えて下さい。

家庭内等で事件発生原因、利己自分主義であり人としての優しさの実践ないから夫と父親に人としての優しさの根幹を教え実行してくれたから、病気も治り家族円満になり職場復帰し満足した生活をしている。過去の体験をスッカリ忘れて、そんなことありませんと簡単に答えるな。私は助けるために努力した。この現実を忘れないで下さい。病気や事件があったからこそ、辛い体験をしたことが宝ですから現在、幸福になれた。（体験を忘れるな）。

心の病気が世界中で多発しています、次ページに患者さんの手紙を載せましたのでご覧になり心の病気にならぬように大きな心を作りましょう

夫婦で口喧嘩して妻に負けてしまうから暴力を振るう夫がいるのです。絶対に夫は妻に対して手を出すようなことをしないで下さい。奥さんは絶対に忘れないからです。

これから手紙の内容を紹介する。手紙は70歳の男性の手紙です。35歳ころに心の病気になり、宗教のお世話になりました。私との出会いはその後です。

天津会にきてから心の病気が大分良くなりましたので、患者さんが以前にお世話になっていた宗教の祈祷師が天津会に参加するようになりました。

この患者さんが、6歳頃、小学生頃の困窮体験した原因で心の病気になったのです。

病気になる一つの原因、「ショック」心や精神に感じてしまうのが心の病気です。

左記の手紙、良い体験をした、この苦体験をプラス思考に取り入れて強く生きて下さい。

心の病気になると心と気持が大事。人生には、マイナス思考あるが、**プラス思考に捉えて強く生きて下さい。**家庭内で親は子に対して驚かせて喜ぶような行動をしないこと。

ビックリさせないで下さい。寂しい思いにさせないで下さい。子供さんに親は暖か

い愛情を注いでください。子供さんが親に言葉をかけてくれたなら、喜んで子供の気持を受け入れて楽しい家庭環境を築きましょう。

天津大祖大御神様
天津祭神大神様
村山先生へ

私の幼少期・六歳から十歳のころの体験

私は、6歳の時に、ちょうど一年生でした学校の授業(折り紙)で使う糊を持ってきてくださいと先生から言われ、母にそのことを伝えました当時としては、市販の糊の値段は、十円くらいで買えたものでした。母から私が作ってあげますと言われ私は市販の糊が欲しかったのです母は、一生懸命に糊を作ってくれました、しかし私は市販の糊がどうしても欲しいのです。友達は、市販の糊を持ってきました、私はビンに詰めた母が拵えた糊を持たされましたそれがどうしてもいやで通学時間になっても駄々をこねていましたら母に腕をひっぱられいやいや学校に行きましたその途中どうしてもいやなので私は道端に座り込んで動きませんでしたその瞬間母からの舌刀で(言うことを聞かないとここで殺すぞと言われ私は殺せと泣きながら抵抗しましたその母の言葉で私は幼心に大変なショックを受けました今70歳になりますが、その時の状況は天然色で蘇り消えることはありません。

同じ時期今度は父親から、兄弟でいたずらして遊んでいました、今私が私の年代で思ういたずらは、子供が成長していく過程のことでさほどたいしたことではないのです、人に迷惑かけたわけでもないし、人を傷つけたことでもないのです、でも父親からすれば、兄弟への見せしめとして幼い私が、暗い納屋に閉じ込められ、怖い思いをしたことが、心に今でも残っています。大声で泣いていました怖かったです。祖母に助けてもらった記憶があり心から消えていません。

小学校の高学年の頃の出来事です近所の同級生と私は絵が上手で、市主催の展覧会に二人が作品を出展することになり私も張り切って制作しましたが、そこで問題がありました相手の子供は農協の組合長の息子で昔の名主の息子でした、先生は制作にあたり、組合長の息子にかかりっきりで、一生懸命でした、私には何も助言もなく、そっちで書いていなさいと放り出された思いがしました、私には何も指導がないのですなぜ私には助言していただけないのだろう、何故組合長の息子だけにあんなに真剣に助言指導するのだろう、私には何もしてくれないのに、なぜ私には無視するのだろう、そんなこともあり少しずつ心が人間不信なっていき先生なんて平等でないのだと思いで、心がすさんでいきました。今の汚い心、醜い心もその頃のことが、多少は影響しているものと思います。また6年生の時、幼いころからの友達で6年間毎日一緒に仲良く二人で通学していました。その子はあまり勉学が得意ではなく、ある時先生から、栄幸君より尚武君お前のほうがはるかに頭がよいのだよと話しているのを聞いてしまいました先生は仲の良い私の名前を出して尚武君をやる気にさせようとしたのだとは思いましたが私からしたら先生なんて、子供に対しての思いやりなどないのだなと思い、だんだんと心がひねくれていきました。そんな幼友達とも、あることで別れることとなりましたその出来事とは、通学の時にその幼友達の家の縁側で友達が通学の支度できるまで、待っていました。その幼友達はギターが上手ですごい腕前でした。待っている間中引いてもいいよとギターを持ってきて貸してくれました、毎日待っているときギターを貸してくれました、そして自分流に弾いていました、毎日弾いているので私も少しずつ上手に引けるようになっていきました、それを聞いていた幼友達は、ギターを貸さなくなりました、どうしてそんなことをするのだろうと、考えましたきっと私に上手になられるのが、嫌だったのではと思うと二度とギターは引きませんでした、そんなこともあり、親しい幼友達ともだんだんと遊ばなくなり寂しい思いもしました。自分は、ギターが上手にならなくたってよかったのです、ただ待っているだけでも良かったのです、そして毎朝のように仲良く登校したかっただけなのです、また幼友達にも裏切られ少しずつ寂しい思いに浸っていきました、そんなことも心の傷になっていき、今の醜い心になっていく一つの要因になっていたものと思います。結局は自分がシッカリしていればよい心になっていたと思うのですが、あまりにも心の傷が多すぎ、少しずつ今の醜い汚い心が形成されていったことと思います。

幼少期の出来事の一つ心に残っている出来事でした。

さて今の不安神経症、パニック障害、めまい、不整脈、について

三十五歳ころより、めまいで悩まされ始めました、不安神経症とパニックがありましたので、足元頭がふらふらして倒れるのではないかどうしよう、今まで一度も倒れたことがないのにふらふらしだすとどうしても元気が出ないのです、不安なのです、毎日毎日心が苦しくなり眠れないのです、ご飯も味がないのです、どんどん痩せてくるし不安の毎日で、どうしたらよいのか分からず行動範囲がどんどん狭まり、遠出もできず、また散髪の時も待っている間が怖いのです逃げ出したくなる思いでパニック状態になり苦しいのです。束縛されることが、全て不安で、怖いのです、逃げ場所が確保されていれば、少しは安心できるのです、外出も怖いのです、

ふらふらとして、足元に力が入らないのです1日中緊張しっぱなしなので、肩もコリ背中が痛くなります。おなかの調子も悪いのです。そして落ち込んでいき益々不安になりそしてパニック状態になるのです天津会に行くときも一週間前から行き、帰りのことが心配でめまいが襲ってきたらどうしようパニックになったらどうしよう会員の皆さんに迷惑かけたらどうしようと思い苦しいのです。普通の人が当たり前に出来ることが出来ないのです、この苦しみを分かってくれる人・心配してくれる人は、私には誰もいないのです、そして苦しみと不安を、心の中で毎日戦っているのです、妻から見たら普通の顔をしているので、気づかないのです、30年間不安神経症で一緒に暮らしてきましたので、今の状態を話しても理解できないのです。富樫よしやす君の奥さんのように心配してくれる人は私には誰もいないのです。息子にも連休に来た時話しましたが顔が普通なので理解できないのです、(分かったから)、の一言で終わりなのです、息子もそれぞれ自分の家庭がありきっと子育てに精一杯なのだと思います、唯一分かって下さるのは村山先生だけだと思い心の支えに思っておりました、その先生にも暴言を吐いてしまい嫌な思いを、させてしまいました。私の苦しみを分かっていただける人(神様)だと思い甘えておりました、言ってはいけないことを言ってしまい、そのことも重なって苦しみが増していき今の状態になりました、また、自分が楽になりたい心・村山先生の心も考えず自分主義の電話はできなくなりました。6日には先生より電話をいただき大変うれしく有難く心が軽くなりました、感謝申し上げます。声が聴きたくて聞きたくても電話できず苦しかったです。こんな私でも数十年にわたり、電話に出ていただき、話を聞いていただき感謝申し上げます。治そうとして毎日努力していますが、夕方にはふらふらなのです、でも倒れたことは一度もありません、村山先生と、天津神様方のご加護に感謝し上げます。

今の状態を書き残してみました。

令和6年5月7日

伊藤栄幸

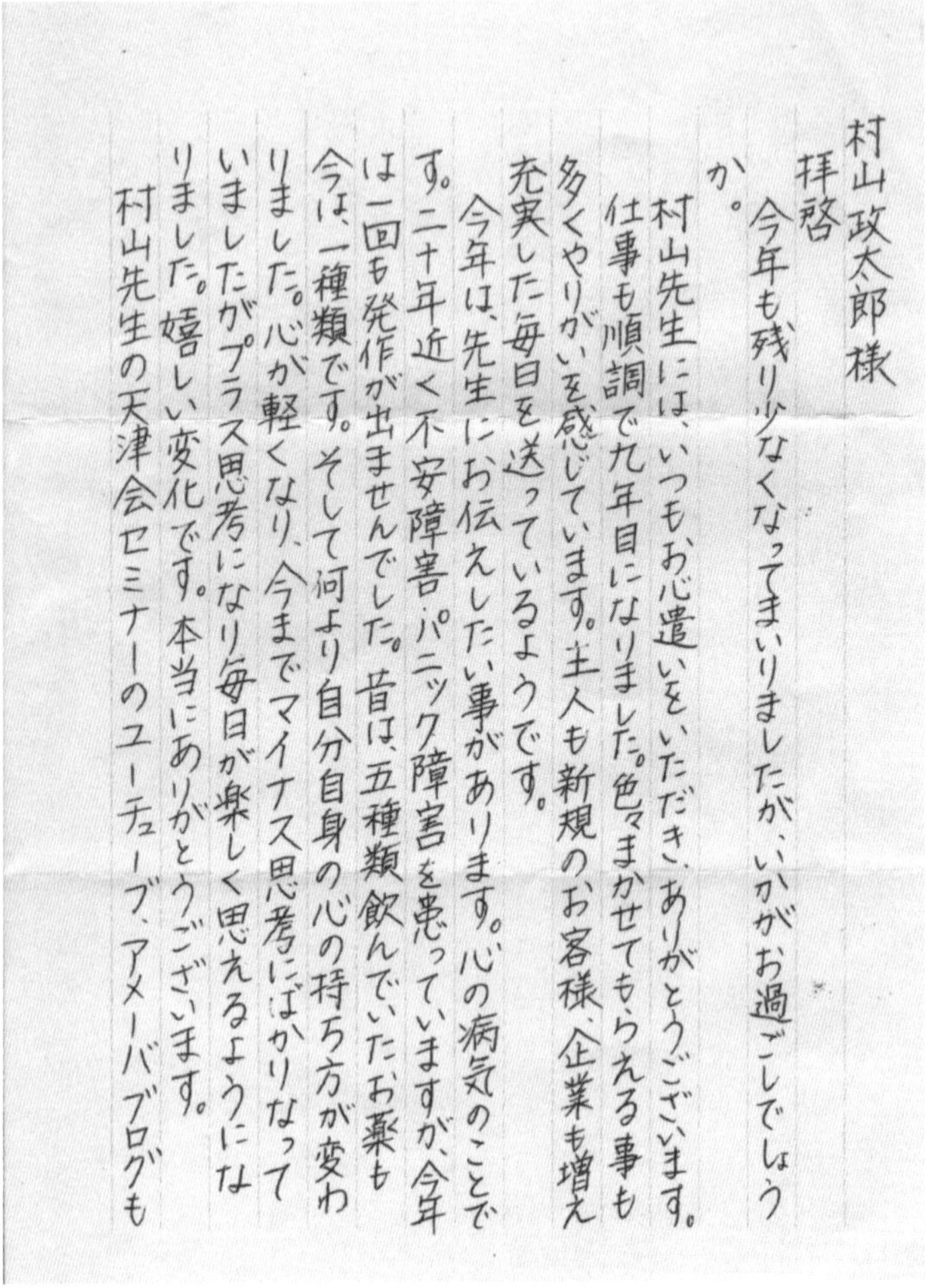
村山政太郎様
拝啓
今年も残り少なくなってまいりましたが、いかがお過ごしでしょうか。
村山先生には、いつもお心遣いをいただき、ありがとうございます。仕事も順調で九年目になりました。色々まかせてもらえる事も多くやりがいを感じています。主人も新規のお客様、企業も増え充実した毎日を送っているようです。
今年は、先生にお伝えしたい事があります。心の病気のことです。二十年近く不安障害、パニック障害を患っていますが、今年は一回も発作が出ませんでした。昔は、五種類飲んでいたお薬も今は、一種類です。そして何より自分自身の心の持ち方が変わりました。心が軽くなり、今までマイナス思考にばかりなっていましたがプラス思考になり毎日が楽しく思えるようになりました。嬉しい変化です。本当にありがとうございます。
村山先生の天津会セミナーのユーチューブ、アメーバブログも

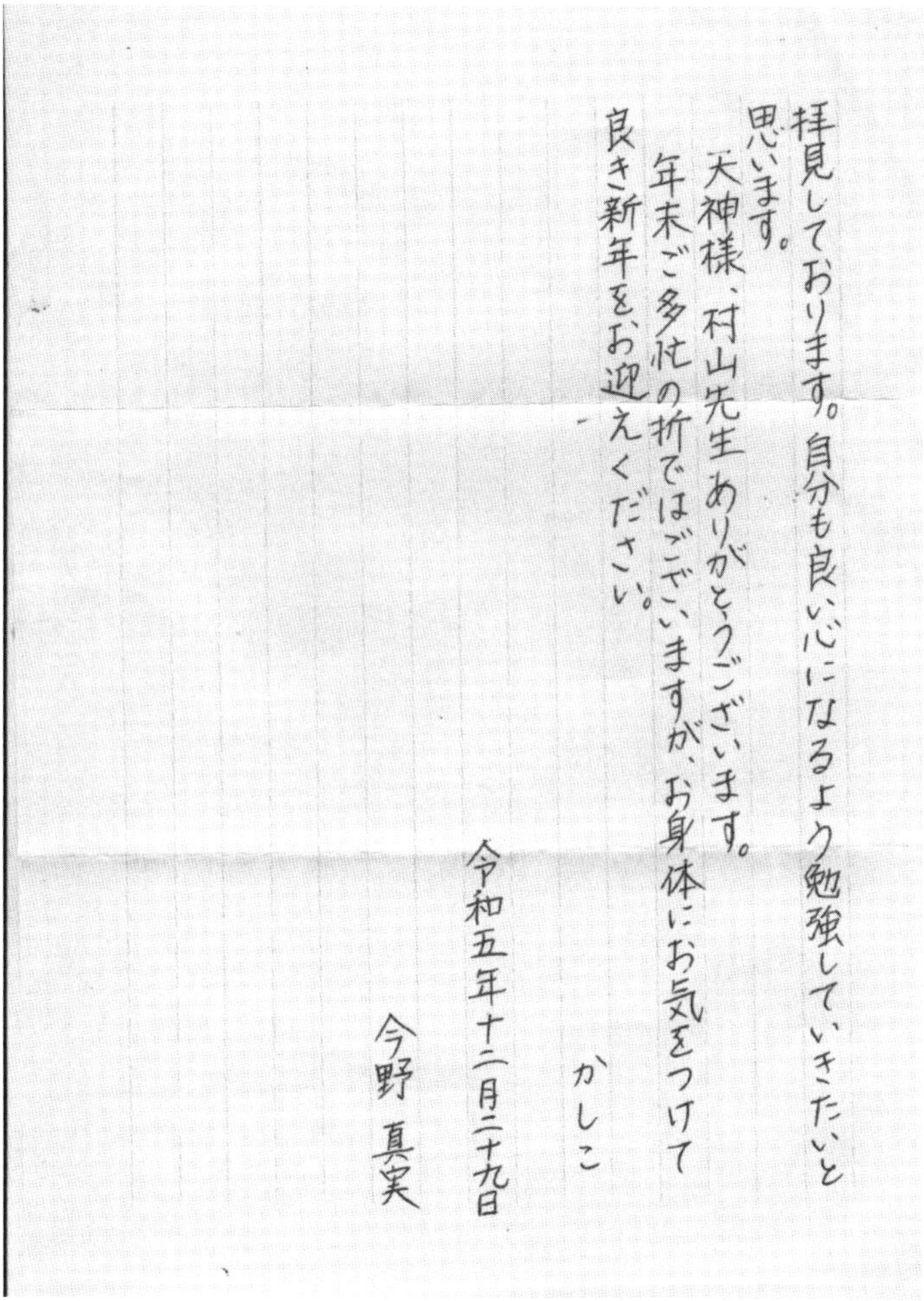

拝見しております。自分も良い心になるよう勉強していきたいと
思います。
天神様、村山先生ありがとうございます。
年末ご多忙の折ではございますが、お身体にお気をつけて
良き新年をお迎えください。

かしこ

令和五年十二月二十九日

今野　真実

手紙を書いてもらったのは心の病気を改善させるための手紙です。

子供の時に苦しんだ体験です。同情してくれた会員も居ました。この体験は好きで体験したのではありません。この心の病気から脱皮するには、何時までもくよくよ悩んでいたのではこの病気は治りません。

拙著やセミナーに参加して素直な心になり、学を実行するのです。確かに嫌な体験をしたのです。嫌な体験であり今でも忘れられない苦しい体験を本当にしたのですから、この苦しみを基礎にして、この苦しみは貴方が本当に体験した価値ある体験なのです。この苦しみを忘れないで下さい。これからの人生に必要なのです。誰もが体験しない価値ある苦しい体験をプラス思考に考えることだけで新しい道は開けるのです。**私は嘘を言わない。**

本書で詳しく「依存症」を説明したけど再度説明する。悪事を働くと悪事に取りつかれるのです。「取りつかれて止められない、抜け出せない病気」のことを「**依存症**」と言う。

心の依存症の病気を分析すると「ショック」させない、しないことが肝要です。

世界中で人を殺す戦争をしています。これは、「**戦争依存症の病気**」です。人を殺害すると必ず、「身体は（霊障）に憑依されます」。憑依されて生きているから戦争を止められない。

ここで説明したこと。「依存症」と「霊障」を説明した。

心の病気は「霊障」であり「依存症」です。膠原病や難病よりも難しいのが心の病気。

私が頑張って障害を取り除き供養したから、大丈夫であり大丈夫なのです。

患者の中に感謝ない人がいます。先生に１００回も大丈夫と言われたけど病気が治らないと文句を言った人がいました。この人が手紙を書いてくれた人でした。

心の病気の原理原則を教えた。私から教えられたなら疑いを持つな。私は嘘を言わない、本当のことを教えているし施術しています。私を信じられないなら来会しないで下さい。

私から、掃除や整頓をお願いされたら、喜んで実行しなさい。私にやらせて苦しめていると咄嗟に心で思うな。私から頼まれたなら喜んで実行して下さい。私は教えているのです。

私から教えられて感謝して涙を流すが、心の中で私を、あれではないのか？　これではないのか？　と咄嗟に私を恨んで生きていた**原因、「パチンコ依存症」でした。**

自分自身の心を隠すな。私が教えていることを信じれば心の病気改善する。

先程あれほどの手紙を書いてくれた人が「パチンコ依存症」このことを手紙に書いていません。これが現実の世界です。何事も同じだが、狭い各論だけでは駄目、全体を考えないと心の病気を改善させることが難しい。パチンコは、機械と自分との戦いですから自分主義になるのは当然。損するのは自分ですから自分主義になるのは当然です。**心の病気になっているのは全員が自分主義の人です。覚えて下さい。心のセミナー参加が必須。パチンコ依存症になったのは自分の責任だから私は教えないから心の病気治らない。パチンコ依存を供養したから改善した。**

（株）日本住宅研究所天津会・代表村山政太郎、「練馬産業見本市ねりまＥＸＰＯ参加」

1、国連で戦争しない議論をして下さい。2、がん病や難病になるのは病気を作る製造工場あるから病気になる。3、病気製造工場を改善させるのが神通治療。現場にて

簡易的施術を披露した写真、本質施術には個人予約・ベッドにて1時間の施術になります。なお予約なしのセミナーを開催中、技術養成育成指導、人間としての根幹実現学。第一、第三日曜日、10時より予約なし。費用、３０００円、神通治療には実現学が必要です。心の病を改善させるには、人としての根幹を取り戻す必要があります。

「真実よりも」自分自身の「感情」に寄り添う情報を受け入れ、自民党に都合よく生きてきたから、感情依存症になり、自民党はカネ依存症になり日本国が崩壊中。

これが「霊障写真」

ようやく、2024年7月4日にたどり着いた貴重な写真。(私の指示の下伊藤栄幸氏の撮影写真)

私、村山政太郎は長年に渡り人が苦しみ続けた霊障を研究し続けてきた。

実際に霊障が人の体に憑依して人を苦しめていることを私は幼い時から知っていました。この霊障が人の体のどこかに憑依していることを私は幼い時から知っていたから教えてきました。しかし、霊障ですから肉眼には見えないから分かりやすく説明できなかった。

西洋医学では難病や膠原病を改善することが困難ですが、私の神通治療で簡単に改善させています。ところが心の病気を完全に改善させることは非常に難しいのです。たくさんの病気があり、病気になる原因の全てが霊障なのです。この霊障は人の肉眼に見えないから、何とかして見える形にして教えたいからこれまで研究してきたのです。ようやく霊障写真に出会い世界で初めて肉眼で確認できた霊障写真を説明する。

1「樹木が人の体です」

2「霊障が藤蔓です」

・樹木を（人体）に置き換えることができた。霊障の藤蔓が（人体）に絡み締め付けて悪人を苦しめてきたのです。この霊障写真現場、練馬区都立石神井公園三宝寺池の畔にある。

・霊障を再度説明する。人が悪いことをすると人が天に祟られる。これまで人には肉眼で霊障には見えなかった。「霊障写真」のおかげで知ることができた。これだけでなく（天）も人の肉眼には見えない。この見えない（天）には（力）も（作用）もあるが肉眼には見えません。この人の肉眼には見えない、天の（力）も（作用）も霊障も見えない霊障によって、交通事故など多発して人が死んでいます。（悪い事を働いた霊障人が死んでいます）。

人には見えない霊障によって、病気や被害者になって多くの人間が死んでいるのです。（歌手の八代亜紀さんは若いのに霊障の膠原病で亡くなられた。天津会で供養し神通治療すれば助かった）。

再度米国霊障を教える。白人米国米軍大統領（霊障）「戦争依存症で戦争をやめられない」。

「白人が先住民（神の子）を殺した土地を奪い取った大罰霊障。白人はこの天の霊障によって戦争依存症の病気になった。（戦争しないでいられない病気になった）。白人が先住民を殺さないで土地を奪わなければ戦争依存症の病気にならなかった。この白人の犯罪の象徴がディズニーランドです。この悪策を変えないと、天の祟りの霊障で地球人は消滅する。

白人は自分主義のバカな動物。いまだ白人米国、米軍は、ハリケーン、異常気象、大地震、天変地異、天の予言にも勝てるつもりの愚か者。村山文学賞を発刊して教えたが、霊障の米白人にはわからない。米国は世界を分断させた罪の祟り、今回の分断ピストル事件です。

ここにたどり着いた「霊障写真」藤蔓が樹木に絡み締め付け一本化して、樹木の栄養を吸い取り、自分を自分で苦しめているのが霊障者、この霊障者が戦争依存症なのです。

新刊『政権依存症最悪・末期症状』。権力で三権分立をブッ壊した人が「安倍晋三元総理」と「菅義偉元総理」であり、高市氏、萩生田氏である。真理がない人間なのである。

私はこれまでモリカケ桜事件、日本学術会議、アベノミクス失敗、拉致問題等に関した政治犯罪を暴いて沢山の拙書を発刊して教えた。真理がない、権力で人を殺した罪、各論者の「管義偉元総理を天罰で地獄に落とす」。石神井公園三宝池の畔にある（霊障写真）を観察ください。権力で三権分立を破壊して、善人をブッ殺した政治犯罪、天罰で地獄に落とす。

天津会は人間としての根幹、人として「心豊かに和める社会」を求めて勉強しています。

1思いやり、2協力する、3助け合う、4ありがとう精神。

右記の4つの文字を覚えただけでは駄目。「中味を覚え実生活に応用して、周りの人々と心和み話し合うことが楽しみになり心豊かな人間関係を求む。例えば、助け合うのと文字を覚えただけではだめ、実現しないとだめ。どのような心で接するのか？何かを差し上げるのか？「助け合う」と中味の心を教えたのです。何をやってくれるのかの心を教え応用を教えた。いつも私は天津会で学び「応用の実現をお願いしています。ところがいちいち説明しないと応用の実現を大人が知らない。私が教えると、先生の教えを仕事で実現していると威張るが離婚した。仕事ではない「私は（心の実現）の話をしているのです」。

２０１８年、石破茂総理を予言した。予言的中する。

第四章
感情依存症だから次々と政策失敗した

立民に自民が全敗しても悪感情依存症だから政治犯罪改善不可能

・選挙以前から自民党が立民に屈服想定していたのに闇献金の犯罪改善しない病人党。

・自民党は「闇献金依存症」病気が判明した。政治資金の反省も改革も不可能な罪人。

・自民が病人でなければ自ら企業団体献金を禁止する。自民党は病人だから無理。「維新」は野党ではない自民党の一部、政権交代の路しか残されていない。

自民党は、戦争依存症、詐欺依存症、今回は、闇献金依存症。大阪万博開催、カジノ設立を決めたのは、安倍晋三元総理と菅官房長官と橋下氏と松井氏が忘年会の宴会で簡単に決定した。「ギャンブル依存症」。この人が止められない依存症の病人、天の予言。天罰下る。

この話をしたのには意味がある。アメリカ大谷野球、水原通訳は、ギャンブル依存症であったことが明らかになった。（水原氏はギャンブルを止められない病人なのです）。

「カジノ」は、ギャンブル、賭博、なのです。この「依存症のギャンブル」を決定したのが、自民と維新で決定した。（この止められない依存症の病気を二十年前に予言し反対して教えた）。自民党は、あらゆる依存症の病人だから、天が止めるように予言し教えたが無理。大谷野球の「水原氏はギャンブル依存症であり逮捕された」。「自公党と維新は依存症」。「水原氏と同じ依存症だから逮捕せよ。危険だから再度予言し教えた」。叩き潰すとは病気。

悪い事は悪い。金で金を儲けることは精神に良くない。心に良くない、悪い事をするな。自公与党は我欲依存症ですから悪事を働いても反省不可能ですから悪事を働き続ける。これが（戦争依存症の病気ですから安全保障、憲法九条改憲する。病気だから戦争を止めない。戦争しない議論をしない）これが戦争依存症の病気です。戦争して平和を構築したか？　戦争して戦争をなくしたか？　戦争して平和・自由・民主主義を構築したか？　米国は平和を取り戻すと嘘を言った。イラク、アフガニスタン、シリア、リビア、フセイン、ビンラディン、カダフィを殺害しただけ。難民続出、生活困窮中、「戦争は病気」。

・天の声、この地球に依存症が流行って地球の政治支配者は依存症の病気なのです。
・依存症の病気を教えるために二億年ぶりに私が地球に降臨した。
・村山文学の総論理想の実現学と各論の理想の実現学を教えるために降臨した。
・聖なる神通力者による神通治療であらゆる病気を改善できる療法を教えに降臨した。

これから、地球政治支配者は悪い事をするな。

「私や妻が森友学園と関係したなら総理大臣も議員も辞める」拙著「免疫リンパ細胞若返り手技療法」77ページ参照、森友学園と関係した証拠写真。これも依存症の病気。39ページ参照、6年前の予言、文鮮明の統一教会とベッタリ、政治依存症の犯罪。102頁参照、現在の岸田総理は安倍晋三元総理との悪結託した依存症の病気政権。

私に任命責任がある。安倍晋三総理も岸田総理も言って来た。この言葉を何度も聞いた。

だけどこれまでに一度も責任を取るつもりがないのに、任命責任があると言いつづけてきた馬鹿な政党が自民党である。

総理が任命した大臣の犯罪が明かになるたびに、総理（私）に任命責任があると言いながら何もしない馬鹿。国会が大臣の罪を裁く場所になり、その都度、莫大な大金の無駄遣いをして、国民のための議論をしないで、（手間暇まで費やしてきたのである）。

一例、私が総理ならば考える、大臣を任命する以前に、罪が明かになったら（総理）**私の指示で大臣を止めさせるとの承諾を得て大臣を任命する。辞めさせる責任を考えなさい。**

これから始まる、安全保障、憲法改憲、国際社会に出かけて、中国の海洋進出を許さない狂気の要求を他国に求めた馬鹿が（脳足りん）、岸田総理です。米国が先住民の土地を奪ったのです。歴史を知らないで、**米国の侵略戦争に騙されて大戦争になる。天の予言。**

岸田総理が歴史を知っていたなら、頭が良かったなら、わざわざ**ブラジルに出かけて憲法改正派への、ビデオメッセージを発信しない。国連で戦争しない議論が先決。本書を熟読して深く考えれば戦争なくなります。**戦争の苦痛を知らない、戦争の責任を取らない、反省しないで米国のポチになったから平和を知らない。**戦争依存症の病気だから戦争する。（バカだから戦争する戦争するな、米国に騙されるな）**

ここまで天が教えた。自民党の総理が大臣の任命責任があると言いながら、戦争して大量に戦死しても責任取らなかった。ですから、私は責任を取る方法まで詳しく教えました。

岸田総理は一切責任を取らない。フランスとブラジル等に出かけて中国の悪口一辺倒の外交をやり続けてきた。そうしてヤルヤルだけのアホ外交。有意義であったと岸田総理が自分を評価したから外国に出かけたからと支持率が上昇したことがおかしな国家です。

大阪万博、カジノ設立を決めた。後先を考えない自公政権と維新と国民党が支持した。

大阪万博の開催遅れを心配したが、それよりも心配しているのがカジノ依存症である。

大阪でカジノ設立開業したなら、ギャンブル依存症の病気が発生し社会問題発生するから天は反対を二十年前に予言した。（カジノは最初から悪いイメージです）。天の声。

安倍晋三と菅と橋下と松井が忘年会で、ギャンブルを決定した。モリカケ桜から、アベノミクスから日本学術会議が推薦した学者を菅元総理が拒否したことも依存症の病気。

原発事故、原発汚染水、核ごみ処理不可能。新発電が開発され核原発が要らなくなり、核原発が無ければ良かったと必ず反省する。20年前に教えた。ですから総論理想の実現学を教えた。安倍晋三、菅、橋下、松井、萩生田、責任取らないから地獄に落とすことにしたから悪い事を直ちに止めて責任を取りなさい。祟りで異常気象、大地震発生する。天の声。

これから国連でも、国会でも、何処でも、よいから戦争しない議論をしましょう真理を学び特に近隣諸国と仲良し作りの環境作れば戦争がなくなります。

「真理よりも自分自身の感情に寄り添う情報ばかり受け入れて悪い事するな」

真理とは…悪い事をしたと思ったならば、反省し、謝罪し、償うことが大事。但し、謝罪も賠償も償いは相手と双方が納得解決成立した内容の根幹が真心。この全てが真理。（真理を知らないで、感情で生きるなと私が政治家に教えたのです）。

真理を知らないから政権指導者が馬鹿な戦争依存症の病気になり止めどない戦争をやり続けてきた。

国連でも国会でもマスメディアでも戦争する議論や報道ばかり流してきた。これだから戦争がなくならない。ですから私が、国連で戦争しない議論を、練馬区主催の練馬産業見本市を通じ、株式会社日本住宅研究所天津会・村山政太郎が世界にアピールしているのです。

アメリカには自由があると言うが、アメリカには自由も平和も民主主義も、あると、テレビも新聞にも書いてあるが本当にないのです。真理がないから平和も自由もないのです。

アメリカの国内では毎日殺人事件が発生して死んでいます。殺人事件が発生するのは心の中に真理がないからです。真理を深く考えて改善してほしいのです。

アメリカは自由と平和と民主主義を掲げて戦争しているのです。おかしいと思わないのですか？　これまでにアメリカは、フセイン殺害、ビンラディン殺害、カダフィたちを殺害すれば良い世の中になると主張してきました。

ところが、アメリカは戦争した結果のことも、これまでの間違ったことも、これまで一度も反省してくれたことがありません。ですから、**第四章の冒頭で「真理」を教えた。**

アメリカがこれまでに戦争してきた、イラク、シリア、リビア、アフガニスタン等の国々の国民生活の幸せを深刻に捉えて反省し謝罪し改善してくれたことがありましたか？

戦後の年数だけが経過しただけで、アメリカは、敗戦国の戦後の国々の国民たちの困窮生活を心配してくれたことがありましたか？

アメリカがこれまでに主張したこと、言って来たこと、やったことは真逆です。天の声。

戦争後に自立した国家が一か国だけある、それがベトナムです。ベトナムとアメリカが戦争して敗戦してアメリカが逃げたから、ベトナムが繁栄したのです。アメリカ**が、この地球で戦争しなければ、この地球は繁栄して裕福な国々が増え続けるのです。**

〔この現実を理解して下さい。勿論ロシアも中国も同じ事。戦争しない議論しましょう〕

〔アメリカに戦争する研究所〕があるから戦争がなくならないのです。

〔アメリカや大国に戦争しない研究所あれば戦争がなくなる〕これが本当です。天の声。

ですから、第三章、「天の声を受け入れないと地球が崩壊する」と、予言し教えた。

安倍総理も岸田総理も外交に強いと言うが真逆、喜んで演説して売国しただけ。外遊して大金を使い日本の国家と国民を蔑ろにした外交するな。米国の国際政策が間違っていることに気付いて下さい。

〔注意〕、〔岸田総理は、4月11日、米国の上下両院合同会議で演説した。経済力、外交力、軍事力、技術力、自由と民主主義で日本国を援護し各国の安全と繁栄を促してくれたと、岸田総理がベタ褒めしました、演説をして喝采を浴びて、満面に喜びを露

わにした愚か者。

何時までもこんな下らない演説ばかりしているから、アメリカから甘く見られて、食いちぎられて国力がなくなり四等国に衰退した、円安になり、物価高になり、国民の生活が苦しくなったから、不安心配性になったから少子化になった。夢も希望も無くなった。

自民党政権は、国民生活を困窮させて平気なアホ。米国に注文を付ける総理になれ。無能なポチの自民党政権に日本国を任せられない。**(これでは戦争がなくならない)**

1 〔米大統領のやっていること自分、利己主義の各論者だから戦争しないでいられない。

自由も平和も民主主義も育たない国家が米国、これでは戦争がなくならない。何故なら心の狭い自分、利己主義の依存症者だから、次元の低い低能な**各論者だから戦争する〕**。

2小泉元総理、自民をブッ壊す。大量破壊兵器があると思われた事が、**悪いとの発言。**

3安倍晋三総理、テロに私が罪を償わせるとの発言。北朝鮮を悪に仕立てた、**各論者。**

4菅義偉総理が、日本学術会議が推薦した学者を任命拒否したこと、低能な、各論者。

5岸田文雄総理、丁寧に説明し信頼を回復する。元から信頼ない事知らない、各論者。

6馬場維新、立憲民主党を「叩き潰す」共産党は日本に要らない。善かれ主義の各論者。

・本書　第二章、（重大4）、絵図を再度ご覧ください。
絵図を見ると、「小さな円形が複数ある、円形の中に各論があります。これまで、この円の中の各論の世界だけで生き続けてきたのが各論者である。すべての6人の各論者は次元が低い低能者なのである。

これと同じなのが現在地球にある既存の「宗教団体」です。ですから、大きな円形の上部の頂点にある、天津ソムヌユルネ大神を知らない。先ほど教えた地球の6人の政権者も知らないのです。知らないからバカ発言しています。とにかく低能な各論者なのです。

各論者は低能者だから視野が狭い、心も狭い、（重大4）74頁の絵図を見せても全体を考えられる能力がないから、戦争依存症の病気になり未来を考えられないから戦争しています。

低能の各論者に分かりやすく説明した、本書の第二章にて公開した。少しずつ説明する。

検察審査会で自民詐欺依存議員を根こそぎ逮捕せよ。天の声

（特捜部によると、萩生田、世耕両氏に付いては、「告発事実を認めるに足りる証拠収集に至らなかった」として嫌疑不十分とした。萩生田氏の当時の秘書と、世耕氏の資金管理団体の会計責任者は虚偽記入罪の成立を認めた上で不記載額などを考慮して起訴猶予に、それ以外の両氏のスタッフ計4人は嫌疑不十分とした）。モリカケ桜からアベノミクス我慢不可能。（全部の罪の指指者が大バカな晋三である。黒塗検正せよ）

特捜部は検察審査会の罪判断は重い、（天の声国民の声を受け入れ国民と平等に裁くべきである）。

「収入を政治資金収支報告書に記載しない事が大罪」「不記載額が少額でも大罪」。「野党と同じ国会議員はやっていないこと」「国会議員を選出したのが国民であること」「会計責任者を選んだのが国会議員」「主権者である国民が訴えたなら、特捜部は

自動的に国会議員を逮捕しなければならない」「法にあるなしではない、国政選挙には重みがある事、国民に議員が選ばれて国会議員になった。だから当選して国会議員になった」。これは天の必須条件の天罰である。無ければ天が二度と這い上がれない地獄に落とす。

会計責任者を選んだのは国民ではない。国会議員が選んだのが会計責任者。天の声を受け入れて下さい。国政選挙で国民が国会議員を選んだ重みある、会計責任者の罪は議員の犯罪。

自民党は自助努力して悪事を改善しなければならないのに、自民党の国会議員は抜け穴を作りこれまで罪から逃れてきた詐欺師の大犯罪者。何時までも悪事を働き改善しないから、これから天が天罰を下すことにした。二度と這い上がれない地獄に落とすことにした。

公明党の山口代表は憲法記念日前日に自民党の裏金問題について「国民主権を脅かす行為だ」国民主権は基本的人権の尊重、平和主義と共に憲法の3大原則だと自民党を批判した。

そうして「民意を重く受け止めるべきだ」と、強く自民党を批判した。公明党は自民党を批判し続けてきたが、言うだけの番長、モリカケ桜、アベノミクスから戦争法案、から憲法法案まで可決してきた危険な詐欺師の宗教団体である。自民党は統一教会であり同じ悪事の宗教団体が沢山あります、役所の中まで浸透しています。

今回も公明党は、これまでと同様に自民党を批判したが詐欺師の宗教であり悪政党であり政権党であるから旨味があるから止められない。いずれこの悪事が明確になる。天の予言。

この世の中に、宗教と政治が癒着結託した宗教団体の悪行によって、病気になり、大きな宗教団体でありながら、弱者の面倒を見ない悪徳宗教団体が沢山ある。宗教だからこそ、困窮者や病弱者を救出するのが宗教団体の使命なのだが助けない。選挙時になると、宗教活動が激しくなり勧誘が激しくなる。選挙時になると宗教団体幹部の財布が膨らむ。この宗教団体は霊障者を救出不可能。だから天津会に訪れます。

全体を考えられないのは、心が小さいから、心が小さいから宇宙全体も天神も見えない。

天神の振魂技術を得るには、物を大切に扱うこと、整理整頓、跡片づけをするも必須。

神通力者になるには「振魂」がなければ、神通力者になれない、素直な性格が必須です。

神通力者になれない条件。頑固である、素直でない、自分・利己主義であること。私が説明していることを把握できればどなた様でも神通力者になれます。

一例、振魂を教えています。トントンするのは自分の力です。移動するのが天の力ですと、何度も教えてきた。病気の製造工場を見つけると指が回転し、ここだ、ここだと教えてくれる。神通力者になるために、別天天国に帰天するため、私は一**心に努力した。土下座もした。手も合わせた。努力すれば神通力者になれる。天と合一すれば、天が技術を授ける。**この話をすると、適当にトントンすると体調良くなると言う人がいます。私は適当にトントンすることを教えていません。心が素直でないから我流になり技術が進化しない。

神通力者になれなくともいいと言う人は無理。自公維党の政治家は**カネ依存症の病人だから**神通力者になれない。私の話を受け入れたならどなた様でも神通力者になれます。

大切な事、頑固でない、柔軟性ある素直な心になり、神通力者に絶対になりたい心があればよいのです。遅くてもいいから絶対に振魂を身に付けて周りの人々を助けたいとの気持ち「一心」にあれば、天神は、振魂技術を授けて神通力者に育成してくれます。


天神は肉眼に見えないだけで、「私の周りに6柱の天神が何時も居ます」。

このように説明しているのは、皆さんが神通力者になってほしいから説明しているのですから天神の気持を受け入れて活躍してほしい、振魂を身に付けるのには、優しい心を要求されているのです。

毎月、第一、第三日曜日、十時からセミナーを開催しているのは、心の勉強をしているのです。分からないのが当然なのですから、恥ずかしい思いにならないで質問して下さい。

セミナーの最中、私が質問する。〔私の内心、神通力者になってほしいから質問する〕分かりますかと質問する、すると「分かっています」との答えになります。「分かっています」と「分かりました」との内容は違う。分かっていますとは、セミナー以前に知っていたことになります。私がセミナーで、誰も知らない新しいことを説明したから、分かって貰うために質問したのです。すると「分かっています」と答えてくれました。この心では生活したなら、天にも嫌われるし対人関係も壊れて、悲惨な生活になります。ですから「素直な心」を天神が求めているのです。天の魂を天が一人一人に平等に授けているのです。

ですから人々の全員の心を天は知っているのです。この前に窪内さんから天の声が聞こえるのですかと質問されたから、聞こえると答えました。ですから天の予言が的中するのです。

天津会での心の勉強は誰もが知らない学問。分かった振りしないで質問して下さい。

「真実を忘れ感情で生きたから」未来音痴の感情依存症になった

真実を忘れ自分の「感情」に寄り添う情報を受け入れ都合よく生きたから依存症になった。「感情」が本書74頁の「各論」の低次元の丸の中の考えです。

真実を忘れたから善悪の判断が不可能になり、ギャンブル依存症や、戦争依存症になり戦争しないでいられない戦争依存症になり戦争した。この病人だから戦争止められない。

忘れた大切な真実を教える。真実を忘れたから、依存症の病人になった。真実は大事。

真実とは…気持ちが真剣であり、嘘偽りがないこと、本当のことだと覚えて下さい。

本物人になれ。戦争依存症、ギャンブル依存症、詐欺依存症、感情依存症等の病気になるな。依存症の病気になった原因は真実がないから依存症になった。神通治療で改善可能。

岸田総理、竹中平蔵、小泉純一郎総理、安倍晋三総理、モリカケ桜、アベノミクス、闇献金から何から何まで３００以上の国会での嘘偽りの答弁。右記で説明したから、お分かりになったことでしょう？（米国のポチの竹中平蔵が日本国の経済をブッ壊した。原因を教えて上げたい）（東京五輪儲説も嘘・竹中平蔵）

総理大臣だからこそ、政治犯罪を許すな。遅くない検証せよ。天の声。大切なことが真実です。真実がなくて、嘘偽りの犯罪者だから、依存症の病人になり世界人類を困窮させた。

「感情論者を紹介する」。場当たり的、姑息的な、政策が行われています。有名な感情論者を紹介して教えますから、これから注目してご覧ください。

・田崎史郎氏は、政治は感情で行うものだと決定づけています。次元の低い各論者ですから場当りしか考えられない姑息な人だから政治が悪化した。天の声。

・橋下徹大阪知事・松井がやってきたことも、目先のことだけ、場当たり的で姑息的な感情論を示している下らない各論者なのです。

大きい心を持ち、総論理想の実現学を持ち得て日本国のために発言してほしい。

それには、生い立ちからの正しい心が大事。家庭環境も大事であり重要です。政界を良くして環境を良くする政策を提案してほしい。勿論政局は良くありません。宇宙全体から深く考えた幸福に満ちた国民生活であり満足できる政策を実行すべきである。

国民全体の幸せを考えられない政治は本当の政治ではありません。

低次元の間違った政策を行ってはいけません。万博もカジノ設立も多くの国民は求めていません。**多くの国民が感情で生きているからギャンブル依存症の病気になる責**

任まで考えて決定したのか？　維新と自民党は、大阪万博とカジノ決定したが責任まで考えたのか？

将来、未来、人間としての生き方から、全てを深く考えた政策を実行して下さい。各論者では駄目。戦争依存症の病気だから戦争する。しないでいられないのが戦争依存症。

国連で戦争しない議論をすれば戦争なくなる

維新の馬場伸幸代表は暴力団ですか？　立民を叩き潰す、政倫審で議論しても無駄だ、（政治をもう一度信頼してやろう）を実現すると馬場が唱えた。大事な事は自民党の「政治とカネ」の犯罪を無くす法案を国民は求めているのです。維新の考えが余りにも単純すぎる。

これでは次の選挙で信用されなくなり議員数が減ってしまう。

米白人と英人たちが悪事を働き続けたから戦争依存症の病気になったのですから、維新は真似しないこと。安全保障、九条改憲の依存症の目的は必ず戦争に突き当たる。不成仏霊に祟られて生きているから供養せよ。最優先に実行せよ。供養しないから祟

られて戦わないでいられない霊障者が戦争を引き起こしているのです。

この霊障者の戦争依存症の病人に戦争する火種を提供しているのが米英国の白人指導者。もう少し詳しく説明する。自公維新政権党に大量の破壊兵器を売り込んで金儲けしているのがアメリカです。

私は無責任に、戦争する依存症の病気であることを教えて恐怖感を煽って威嚇しているのではありません。戦争依存症は病気の原因だから、この病気を改善させる方法まで詳しく教えて病気を改善させています。供養する供養塔が天津会にありますから説明しているのです。

戦争政治学者、ジャーナリスト、専門家の話、イスラエルとハマスの戦争の話を聞くことがあります。各国の大学で学生がデモしています。すると、ハマスの戦略に騙されるなとテレビに出て大学の先生が平気で話していることが間違いです。

私はこんな下らない次元で拙著を発刊しているのではありません。戦争することが良くないこと、戦争をした原因から教えています。戦争は病気だと教えています。戦争を終結させる方法まで教えています、そうして、**国連で戦争しない「議論」お願い**

しています。

戦争専門家は、戦争を煽っています。なぜなら、戦争を無くす方法も止める方法も示すことなく、優勢か、劣勢かの話だけの報道です。国民の気持は、複雑になる一方ですから、精神の根幹から不安心配性になり、**「少子化になったのです」この角度から少子化に真剣に取り組まないと、安心して、若者が赤ちゃんを産めない社会に陥られているのです。**

少子化国家はアメリカの同盟国のポチ国の韓国と日本です。〔私の正しい考えを受け入れられる時代を構築しなければならない〕。分かりますか？

余りにも社会が杜撰になり、真実、真理、社会を受け入れられなくなった。最大の社会の敵**「米国と世襲議員の政治犯罪の霊障」。霊障が強くなりすぎた病気が戦争依存症。経済の崩壊。「企業間の持ち合い制度廃止」、竹中平蔵の政治犯罪で日本国の経済が崩壊した。**

自公安倍派及び維新との結託で経済崩壊だけでなくて戦争が始まり地球崩壊の始まり。

「自民党をぶっ壊す」から始まり政治と経済をブッ壊した。小泉元総理の子の進次郎氏が総理になれば規制緩和しか頭にないから本当に日本国がブッ壊れる。天の予言。

「維新は立民を叩き潰す発言は**日本国を叩き潰すことであり大阪に天災発生する予言**。

特注、安倍晋三、高市夫婦の執念による悲願が実りSC制度可決。経済安保新法成立（セキュリティー・クリアランス制度）国際共同開発参加可能に。G7（先進7カ国）で、SC制度を導入していないのは日本だけ、国際基準の機密保護制度を設けることで、日本企業は政府を通じ他国の機密情報を得ることが可能となり国際共同開発しやすくなったことが大間違いである。2013年に成立させた特定機密保護法。外交、防衛、テロ防止、スパイ防止。機密情報隠蔽。SC制度はこれに経済安保を加えたもの。「安倍元首相の軍事転用可能になりビジネスチャンスになったと評価した。普通の国になったと高く評価した」。（日本国に特有な良い独自があって宜しい）。

これを大問題にするな。**岸田総理**の外交を評価するな、**支持率が上昇した**。**これが天の崩壊予言**。

このような単純な**感情**で生きると哀れな**日本**になる。普通の国になったと国民が岸田を高く評価した。Ｇ７の考え方が間違い。〔特注〕を再度熟読下さい。最終的には〔戦争〕です。

ですから天が、〔国連で戦争しない議論をお願いしているのです〕これまでＧ７で戦争しない議論を一度もしていません。これらの人々は「真実」を深く考えないで「感情」を重んじて生活してきたから、人間としての幸せを見つけることが出来なかったのです。真理を覚えて下さい。

天は全体の幸せを考えて、人々たちに広く大きな心を持てるように、総論理想の実現学を提供して「幸せ学」を地球人類の全てに教えているのです。

これまでになんぼ教えても分からないから予言して天罰を教えているのです。２０１４年発刊。悪い原因を作ると悪い結果が出ると教えた拙著「精神の根源は宇宙天にあり」１２１頁参照、東京五輪中止が的中した。２５６頁参照、平和を造るために一切努力せずに戦争するからウクライナは再起不能になると、私は十年前に教えた。明確に教えてもプーチンが悪いバイデンが悪くないとの評価は低次元の獣人の評価なのです。

十年前に丁寧に私が教えても反省不可能。真実が大切なのだ、感情だけで生きるなと何度も何度も教え続けても反省しない。ですから本書で詳しく「真理」を教えたのです。

安倍晋三は大罪を反省しなかった。晋三は高市氏に好意あるから地元の奈良に変更して行ったから魔が差して天罰で殺害された天縁なのです。「天が善に開運と幸福を授ける」174頁参照、2021年11月の写真をご覧ください。天罰で地獄に落とされて二度と這い上がれない現実を示した写真です。

ここまで教えても天神を信用できないから説明する。再度、174頁と176頁参照下さい、80頁、82頁、安倍晋三に天罰を下し、2022年7月8日に殺害した。

私は天の代行者ですから天罰が発生する数年前に予言して教えている人です。

安倍晋三首相が天罰で殺害される予言著。戦争始まる予言著「戦争しない自由の女神像」123頁の最後の17・77・84・85頁をご覧ください。「大宇宙の別天天国に行く」著の84・85頁をめくると数年前の予言可能「天罰を下す」、「辞任せよ」との文面を確認することができる。これが予言。

天は天罰を、このように拙著に記載して教えているのです。これまでに何度も予言して天罰が下ることまで事前に教えています。**天は天罰を下すことを教え（予言）して天罰を下して地獄に落とす。**天は意表をついて天罰を下さない。**教えて天罰で地獄に落としている。**

天は2年前に天罰を予言し**天罰を下して晋三を殺害した。余りにも安倍晋三元総理が悪事を働きすぎたから天が晋三を殺した。**あの時、**高市氏と特別な関係があり会いたいから奈良に変更したのです。予言拙著、「大宇宙の別天天国に行く」書を2020年6月発刊して、安倍晋三元総理に天罰を下して二度と這い上がれない地獄に落とした。84頁、85頁参照。2022年7月8日に殺した。2年以上前に天が予言した。**

天はこれまで一度も嘘を言っていない、悪い事をやったから天罰を下した。この世に肉眼に見えないことがある。本物の天神がいる。天津ソムヌユルネ大神も**天津伊佐奈美大神**もいる。この天神には死がない。永遠に生き続けて人間を監視しているのです。

人の肉体の死が**死ではない、天も人も神の子です。神の子も魂も死がない永遠であ**

る。

　これまで大国や国連や国際社会がやってきた、G7やG20等がこれまでやってきた会議は戦争する為や、金儲けをするために次元の低い各論の悪約束。自由も平和も民主主義もない、力による次元の低い各論は姑息的な獣人による会議をやり続けて戦争をしてきた。

〔ここまで天が教えたこと。真理、真実を学び、感情だけで生きるな、安全保障、憲法九条改憲するな。「特注」SC制度可決では地球に平和は訪れない、国際社会が乱れるばかり、生活環境が不安になり、頭脳に戦争が浸み込み、不安心配性、被害妄想の依存症になる。満足できなくなり、少子化は当然。この現実を知らないから、秘密や隠ぺいが酷くなり人が人を信用できなくなった。信頼を取り戻す指導者が居ない。竹中平蔵、小泉純一郎総理、安倍晋三総理等になってから、「政治」が「宗教」を利用するようになった〕。

　私がこれまで「各論は駄目だ」「宗教」と「政治」が酷いから悪魔の仕業だと教えた。

これから「**宗教について**」説明する。

「**創価学会が公明党を支えている**」。「**統一教会や沢山の宗教団体が自民党を支えている**」。「**宗教と政党が結託し癒着して地球環境をブッ壊し悪事働き支配した実情を説明する**」。

安倍晋三元首相はA級戦犯の祖父の岸信介氏の悪事を継承して苦しみ続けています。

・この世の最大の悪魔は政治家と宗教家なのである。

地球の生活に於いて、一番に悪事を働いているのが政治家です。政治家になり偉ぶって悪事を働いたから天に祟られて安倍晋三氏は地獄に落とされて這い上がれない運命。

政治家の三代になると自動的に地獄に落とされて二度と這い上がれない暮らしをする。拙著「天が善に開運と幸福を授ける」171頁。私だけが言っている言葉だけではない。

私が本書の第二章（**重大4**）**絵図で各論を教えた。この丸い円形の狭い一つの「各論」の中に政治家と宗教家が同居して悪事を働き続けているのです。**

政治家も宗教家も低次元の狭い各論の中で安全保障を大前提にし、裏金作り国民を蔑ろにして反省も改正も改善もしないで威張り腐っています。これが「詐欺依存症」の病気です。

自民党議員の「政治とカネの事件が明らかになった」のに、自ら反省も謝罪の心がない政権与党の自民党には自助努力しないのは組織暴力団です。

「統一教会と自民党が癒着結託した」こと、信者を統一教会が面倒見ないで、信者から莫大な大金を奪っています。信者の生活が困窮してお金もない、学校にも行けない。家庭もバラバラに分断されて不安心配性、被害妄想者になり心の病気になり生きて行けなくなった。

それなのに自公政権は詐欺依存症の病人だから、国民の苦しみが分からないから、今でも反省しないで、闇献金集めに躍起になっているのです。

宗教であるなら、弱者や生活困窮者、不安心配性、被害妄想者になったなら、それらの苦しみを快方し助け救うのが宗教です。

創価学会は宗教団体です、苦しみを快方させずに、逆に集団に来ないようにしている。ここでは細かい事を省略して説明する。**当初**の創価学会は信者から**四千万円ほど借金して経営を成り立たせた**。信者は返金を求められない信者が多い。信者が大金を貸したから生活が苦しくなり自殺者もいます。都営住宅に優先入居。ここでは細かいことを言わない。

宗教団体に入信して、心の病気になり生きることが困難な人が、「天津会」に来るから私は色々のことを知っています。天の声、**〈宗教団体が悪事を働いているのです〉**。私は、政治家や宗教家のように**「口先で弱者を勧誘しない」**私は拙著を発刊して地球人類に大宇宙から地獄まで教えていますす、**私は一切、勧誘していないからご容赦ください。**

毎月、第一、第三、日曜日、十時からセミナーを開催していますが厳しい所ですからご了承ください。**何度も言いますが勧誘をしていません。**口先だけの学問ではありません。**頭で覚えても実践出来なければ天津会に来ても意味がない。**「**応用**」得た原理、**知識等を、他の（具体的な）事柄に当てはめて用いて実践して効果を齎さなければならない、天の務めあり厳しい（心）の改善から始め神通力者育成のため、**天津会のセミナーある。**一人、三千円。**

自公政権党と宗教組織との癒着と結託が最悪である

私が「宗教」と「政治」を取り上げた、私の心の根幹を説明する。

既存の宗教は本物の天神と繋がりない低次元の鬼神の夜叉が人々に害を与えています。

２０１５年発刊「戦争語録忘れたか」１２８頁参照。（１）（２）（３）（４）（５）で示した、悪事を働いたから反省し、供養せよと天が教え続けてきたけど、「悪宗教」と「悪政治」が癒着、結託し、悪事（安全保障と戦争に没頭）したから、天に祟られて大地震。天変地異発生。

この悪事の根幹「政治と宗教」である、この世をブッ壊しているのが〔政治と宗教〕です。

ウクライナ戦争をやっているのが〔宗教〕。イスラエル戦争も〔政治と宗教〕です。この宗教は天に祟られて地獄に落とされた下らない次元の低い「悪宗教」なのである。

戦争しているのは「悪宗教」。大宇宙の最高の天津ソムヌユルネ大神を知らないで悪事を働いているからハリケーンの一つにも勝てない。戦争しないでいられないのは宗教が悪いからです。戦争するから幸せになれないことを「ＡＩ」に教えようとしています。

（株）日本住宅研究所天津会の　村山政太郎は「宗教団体」ではない。私は膠原病や難病や心の病気の人々を救い助けています。そうして神通力者を育成指導しています。病気になるにも原因あるから病気になる。戦争するのは戦争依存症の病気だから戦争しているのです。

ここまで教えてきこと、天の代行者になるには、天津ソムヌユルネ大神の天の作用の力を得られる人になりなさい。

本物の天神の天津ソムヌユルネ大神は立派な豪華な施設には鎮座しない。戦争して人を殺害して世の中をブッ壊して当たり前と思っている人を天が天罰で地獄に落としています。

白人に教えても素直に改善できない人が多い、少し努力して神通力を確かめて下さい。

最後に本書のタイトル、「政権依存症最悪・末期症状」説明する

今回、「特定秘密保護法」の不適切運用やパワハラなどの不祥事を巡り、防衛省は12日、海上自衛隊トップの酒井良海上幕僚長ら計１１７人をスパッと懲戒処分にした。酒井氏は19日付けで退職させた。

特定秘密保護法の権力で「権力者」が処分した。私は10年前に予言した。闇献金、東京五輪事件、沖縄での性加害など、やるべきことをやらないで、犯罪をやらせて戦争時に強硬に徹底的に「権力者」がやっつける演習をした。後で説明するが〝権力組織者に注目せよ〟。

同省は、事務方トップの増田和夫事務次官、制服組トップの吉田圭秀統合幕僚長、陸上幕僚長と航空幕僚長、情報本部長の最高幹部計５人を内部規定に基づく訓戒とするなど、懲戒も含め２１８人（延べ２２０人）を処分した。

過去最大級の規模で各組織のトップが一斉処分されたのは極めて異例である。処分対象は特定機密法の運用の他、「背広組」が中心の内部部局（内局）幹部のパワハラや海自の潜水手当不正受給、自衛隊施設での不正飲食の計四項目、防衛省・自衛隊へ

の信頼が失墜した。

防衛力強化を図る安全保障政策に影響が出るとの判断を示した。この言葉を正しく評価するな、戦争屋（権力組織者）の犯罪で国滅びる。ブレーキがない。日本学術会議復活必須
訪問先の米国で岸田文雄首相は記者団に対し国民にご心配をおかけしていることをお詫び申し上げると述べた。

酒井氏の処分は減給30分の1（1カ月）他の最高幹部5人と共に特定秘密問題の指揮監督義務違反があったとして、増田氏は棒給月額の10％を3カ月間自主返納させる。

防衛省によると、特定秘密保護法によると特定秘密保護法に基づき、秘密を扱う公務員らの身辺を調査する「適正評価」を経ていない隊員に特定秘密を取り扱わせるケースがあった。

海自を中心に26人を停職などの懲戒処分とし、陸海空と統合幕僚幹部、情報本部の89人を訓戒などとした。

海自では潜水艦救難艦2隻に所属するダイバーが、深い海での作業を可能にする「飽和潜水」の訓練で手当てを2017年4月から22年10月、計4300万円を水増しして受給した。11人を免職するなど計65人を懲戒処分、9人を訓戒等とした。自衛

隊施設の食堂で代金を払わず食事したから降任２人を含む22人を懲戒処分した権力者が悪魔なのだ。

　東京電力福島原発爆発時に発刊した拙著「神道学技術実践書」86頁参照、２０３０年の事故災害災難発生予言。沢山悪の予言したくないから【特定秘密保護法】に関する政治戦争強硬犯罪と原発事故を予言に含める。２０１１発刊「神道学技術実践書」被爆国になる。


　十年前の拙著「精神の根源は宇宙天にあり」１２１頁の予言を再度ご覧ください。私の予言が的中する。「特定秘密保護法」の文字がある参照。天のクレームあるから２０２０の東京オリンピック中止になると予言した。コロナ禍で東京五輪が中止になったのではありません。大阪万博もカジノを決定したのが戦争屋の安倍総理と菅官房長官と橋下と松井であるから失敗する。

　戦争する「特定秘密保護法」の中味を議論せずに、Ａ級戦犯岸信介、孫の安倍晋三が国会でも国民とも、日本学術会議とも議論しないで閣議決定で特定秘密保護法を法制化したから、天罰で東京五輪を中止させたのです。

私は天の代行者です。

私は安倍晋三元総理のように、国会で300回以上もの嘘を言わない。現在も国民の皆様も嘘の安倍元総理と祖父の岸信介を今も信じているのか？　犯罪の検証も議論もしないから事件が多発しているのです。

今回の「特定秘密保護法」で罰したのは、安倍晋三を継承した、岩谷氏、中谷氏、小野寺氏たちが正しくない判断をした。深く考えれば今回の過ちは誰にも分かります。失敗を繰り返して戦争するのも、幸せになれないのも、政治犯罪の罪を検証して罰を与えて戦争しない法律を作れば戦争なくなる。このことを私はアメリカにも教えているのです。

「戦争するための特定秘密保護法」だから、私が東京オリンピックを中止させて国民に教えたのです。この私の心を知って下さい。

A級戦犯の岸信介と安倍晋三元総理は悪人です。政治犯罪を検証し罪を明らかにして、シッカリシタ法律を作れば戦争なくなる。そのために拙著「天が善に開運と幸福を授ける」書を発刊して教えました。

私は沢山の拙著を発刊して、第二次世界大戦のA級戦犯の岸信介の政治犯罪を検証せよ。孫の安倍晋三の戦争犯罪を検証せよと私は教え続けてきたが、自公党は閣議決定し【特定秘密保護法】を強引に法制化したから、拙著【精神の根源は宇宙天にあり】121頁に次のように記載して教えた。【特定秘密保護法】にクレームが付き、二〇二〇の東京オリンピックは中止になること予言した通りに中止になった。これは10年前の予言。（国民が凡人だから、馬鹿だから今でも気づけない）。このことに気づいたなら戦争なくなる。

【米大統領も日本の首相も政治犯罪者だから、検証して成敗せよ、と天が教えた】。（特報）、「国連で戦争しない議論をすれば戦争しなくなる」。この議論をすれば、特定秘密保護法や勅語教育法も集団的自衛権の法律も要らなくなる。国連で戦争しない議論をすれば戦争なくなることを。（国民が凡人だから、馬鹿だから今でも気づけない）。このことに気づいたなら戦争なくなるのです。

（天の世界には戦争しない法律があるから戦争しない）

天津ソムヌユルネ大神の世界に戦争しない法律があるから戦争しないのです。

（地球の政治家は、人民に規制をかけて戦争させて、人民を地獄に誘導して人を苦しめているのが悪政治家です。人の顔をしているが自分主義の馬鹿な獣なのです。この獣が戦争するための法律を作り、人民に戦争させて、人民を苦しめているのが〈獣人の悪魔政権者〉。

〈別天天国の天津ソムヌユルネ大神には戦争しない法律があるから戦争しない〉。このことをシッカリ覚えて実行せよ。「戦争しない法律を作れば戦争なくなる」。〈日米間にある「地位協定」は戦争するためにある地位協定だから戦争なくならない、これまで戦争する各論バカリやったから戦争するようになった。これから戦争しない法律を作れば戦争なくなる〉。

米白人が先住民（神の子）を殺して土地などを奪い取った霊障。この霊障は天罰の祟りだから戦争しないでいられない。真理を米白人が知らないから二度と這い上がれない地獄に落とされて苦しいから、戦争しなければならない、戦争依存症の病人になった。

●米白人の「戦争依存症」を改善させる供養塔が天津会にある。拙著「戦争しない道の自由の女神像」84頁参照。拙著「天が善に開運と幸福を授ける」第五章に開運に導く天の作用として供養可能な供養塔が博物館にある。私は脅していない、供養して天に導いていています。

●最後に、（重大4）、絵図、総論理想の実現学と各論理想の実現学

本書第二章にて、（重大4）の絵図をご覧ください。特定秘密保護法の法律は戦争する法案だから各論の中の議論だから戦争がなくならない。（各論の円形社会は戦争する社会です）

ここまで説明したこと、日米の地位協定も、特定秘密保護法も、戦争する各論の社会だから戦争をしないでいられない世界なのです。

●再度、**（重大4）の絵図をご覧ください。**上部に、**（真理）・総論理想の実現学・（全体）**との文字があります。

この「総論」の世界・社会に、戦争しない法律があり、戦争がないのが総論理想の世界であり社会です。天津ソムヌユルネ大神に近い世界・社会だから戦争が全くない。

各論社会とは違う社会が総論社会なのです。だから国連で戦争しない議論をお願いした。

ですから、各論社会の政治も宗教も狂っているから、霊障の原因から、戦争をやり続けている原因まで分かりやすく説明して教えた。白人と政治と宗教が最悪ですから、各論社会から脱皮しなさい。

でなければ、各論社会に戦争しない法律を作り戦争しないようにお願いします。まず天の世界を天津会で学んで下さい。

神学は難しいから、まず戦争しない法律を作って下さい。

各論社会では兵器を揃えて、戦争する法律を作ったことが間違いだったのです。

本書の第二章に、（重大４）の絵図を見て下されば善悪の判断が的確に可能になります。

ですから私が国連で戦争しない議論をお願いしているのです。戦争しない法律を作って下さいとお願いしているのは、馬鹿な政権者に騙されるな。各論社会から脱皮せよと教えているのです。

「これまでの政権者は罪人だから戦争依存症者になり各論社会で戦争をやり続けた」。

私はこれまで天には戦争しない法律あるから戦争しないのだと教え続けてきた。戦争しない法律をこの世に作れば戦争がなくなるのです。これが天の声なのです。

この天の世界を分かりやすくしたのが、（重大4）の絵図があるから説明できたのです。

あとがき

天の声。

大昔から戦争を繰り返したのは政治家が大馬鹿だからです。（この言葉分かる時期来る）

これまでに一般の国民は自ら戦争しない。

戦争した一つの原因、政権者の心が乱れてしまった。政治家の心が詐欺依存症の病人になった。政治家はカネになればそれでよい汚い心になった。信用と信頼あれば、カネなくとも当選できることを忘れてしまった。ペットのポチになり下がった。

ですから世襲議員が国会議員になれない法律を制定せよ。これが天の声。

世襲議員を国会議員にさせるな。政治家になるな。現在の堕落見れば分るでしょう？

世襲議員は自分主義、当選するために政局を考えているだけの各論者である。

自分自身の人気を絶えず考え秘書に議員の罪を被せてきた自民党政権。議員を選んだのは国民。議員の秘書を国民は選んでいない。検察はこの現実を深く考えて下さい。

政治家は有権者に良いイメージを齎せるのに躍起。モリカケ桜からアベノミクス、日本学術会議の推薦学者を任名拒否したこと**間違い**。マスコミを利用し正当化した**政治犯罪**。

政治家は人間としての根幹を大事にしない、政治家は人間としての根幹を知らない。社会心理学、心理学を知らないから、与野党間の議論は口喧嘩ばかりだから下らない。「各論」の議論ばかりしないで下さい。進化しない各論ばかりしたから埒が開かない。
安倍首相は内閣官房機密費を候補者に百万円渡したと言う。検証しないと日本なくなる。

1、山間で住宅に侵入して財布から二万円位強盗して青年が**逮捕**された。
2、自民党の政治家がパーティーを開催して得た**資金の一割が原価であり九割が儲けであり懐に入れた事件が「政治とカネ事件」これはレッキとした詐欺事件犯罪。逮捕せよ。**
1と**2**の事件を対比すると、自民党の国会議員が、明確に**政治犯罪者だと判明した。**

本書のタイトル、自民党は「依存症」の病気だから「水原氏と同じに逮捕せよ」。（月とスッポン）を説明する。

「大谷野球選手は月」「ギャンブル依存症の水原氏はスッポン」

どちらも丸い形をしているが、その価値の差は比較にならないほど大きい犯罪。

自民党を説明する必要がない。自助努力できないから「政権交代の路しかない」。

自民党は病気党。だから自民党に悪策の改善を求めても無理。入院しても治らない。病気なのです。


自民党議員の悪脳である詐欺依存症の病気を治さないと国民の夢も希望も無くなり国民生活は迷走してしまいます。

アメリカの社会形成と大谷選手の大活躍に邁進している人たちがいます。この現状の生き方に人間として間違いだと感じる多くの人たちがいると思います。日本人の頭の良い人の誰かがこの偽物の繁栄に違和感ある人がいると思います。5月17日は、アメリカの大谷野球の日になったそうです。この現状社会が間違いであることを次書籍にて説明する。

最後に、私が常日頃から話していることを説明して終わりにする。

親子関係、人間関係、どなた様も失敗の経験があると思います。例えば、大切なグラスや陶器製品をうっかり落として割ってしまった。壊したけど、親ならケガをしなかったのかと温かい言葉を子供にかけてほしい。そうすると子供は私を**心配しているのだなと咄嗟に気づいています。この温かい言葉で子供は大きく豊かな心に育つのです。**

子供は壊した責任を深く感じていますから、責めないで下さいとお願いしたのです。第三章に70歳の伊藤氏の手紙ある。あれは苦労ではない、良い経験をしたのです。私の息子がクラブで苛められたことがあり生気がなかった中学時代。私がわざと立ち直させるため厳しい仕打ちをさせた。恨みがあると思うが健全に立ち直り成長してくれました。

本書第二章、（重大4）の絵図をご覧くださり応用し実践して成功して下さい。自

公与党政権党は心の狭い各論者、総論者になりなさい。再度熟読をお願いします。各論を学び改善して次の総論社会に戦争しない法律あるから戦争しないこと。そうして総論を応用して戦争しない議論をお願いします。

私は地球に生まれた時から地球に戦争を無くすこと、政治家の心を改善させないと戦争がなくならない。今は「麻生副総理」の心を改善させねばならないと痛烈に思った日、２０２４年6月10日。闇献金が重大事件であり政権交代しなければならないのに麻生氏は、「政治にはカネが必要だ。カネがなければ優秀な政治家が生まれない」と、麻生副総理が福岡でバカげた講演した。

天の代行者の私はカネなくとも、**信用と信頼があれば当選して国会議員**になれると教えた。このことを実現してくれた政治家を**天は優秀な政治家だと認めることでしょう。（神によって地球人が生かされていることを忘れないこと）**

詐欺依存症、戦争依存症の政治家だから莫大なカネが必要なのだ。だから**総論理想の実現学と各論理想の実現学**を教えたのです。

拙著「神道学技術実践書」第三章。「別天天国からの神の啓示」第二章。「村山文学書」序章。をご覧ください。これまでに何度も総論と各論を説明したが難しい学問だから再度説明する。

次元の低い**各論**を最初に覚えて下さい。各論をしても議論がまとまらないから**総論**
理想の実現学を覚えたなら各論の意味が分り高度な議論がまとまり、成功する。

肉眼に見えない**霊障**がこの世の中にある、戦争などしなくともよいのに霊障あるから苦しみ人は生きているのです。この霊障を宗教が教えなければならないのに**既存の全ての宗教がインチキですから分らない教えられないのです。**

一例、**水子のことで説明する。**霊障は感染する病気です。覚えて下さい。

・**姉**さんに**水子**がいたから、肉体に触れた**妹に感染した。**妹の体調が疲れてパンパンだから**姉の水子**のことを**妹**に教えた、すると「**妹の天津会員が姉には水子がいない**」と強調したから、私がその話を聞きたくないと突っぱねた言葉を今、私が反省しています。

私には特別な才能（神占）あるから、私が好き勝手に出しゃばり教えなければ良かったのです。疲れた**妹**さんが可哀そうだから教えた。**お姉さんに水子がいたから教えた。仮に水子がいなければ謝罪する覚悟で教えた。**なぜなら**お姉さんは鹿児島にいます。東京に来なくとも、金木に水子霊の息を吹きかけて送ってくれれば天津会に来な**

くとも供養できるとの思いで実行した。この私の予言通りに姉さんに水子が実在していました。そうして水子霊を供養したから成仏できました。
1、お姉さんに水子がいる、いないとの議論を「各論」と言う。「各論では成仏させること不可能なのです」。
日本の国会議員も世界の指導者も「総論の実現学」を知らないから、「これまでに成仏不可能な各論の議論や儀式バカリやり続けてきたから幸福になれなかったのです」。
2、姉さんの水子を天津会で供養し成仏させたから姉妹全員が幸福になった「これが総論の実現学です」。
一例、水子が成仏した幸福社会「総論理想の実現社会」。水子を蔑ろにした困窮社会「各論社会」だから霊障発生して人が苦しむ。
●ウクライナの国民も台湾人も地政学を頭に入れて考えなさい。米国は先住民を武器で殺害して土地を奪い取った霊障国だから、平和も民主主義も自由もない。戦争を無くせない国家。日本は米国による台湾有事にまきこまれないように注意して下さい。

米国は、ウクライナと台湾と中国に「分断」を企んでいる悪国家への天の祟りが、共和党と民主党との分断の戦いに方向転換した。この現実の天罰をバイデンもトランプも気付けないのは戦争依存症国家だからです。

「老いぼれ民主党と老いぼれ共和党には平和も自由もない。米国内の分断戦争が天罰」。天が与えた元々の地政学を深く考えなさい。「地政学」を思い出して真理を学びなさい。米国には先住民を殺した霊障大罪ある国家なのである。

米国による台湾とウクライナ戦争は「分断戦争の依存症の病人が米国家。自由も平和も民主主義も無い。戦争してガラガラポンにする分断戦争依存症国が米国である。アメリカには元々から平和のない戦争する詐欺依存症者であり、戦争しないでいられない病人国家が米国です。（米国が他国を分断させた祟り、が米国内の分断が天罰なのである）。

先程から説明したように台湾もウクライナ国家も土地も動かない移動できない固定された国家なのです。それぞれに親戚があり繋がりのある国家。米国は、ウクライナ人と台湾人に嘘を吐き騙した国家。ウクライナ人も台湾人も米国に騙された。（米国の悪に憧れるな、大谷野球選手の発言）。

必ず歴史が証明する。米国は悪魔です。天神ではないからハリケーンの一つにも勝てない弱国家。ウクライナはアメリカに騙されたから「再起不能国家」になった。十年前の私の予言拙著「精神の根源は宇宙天にあり」256頁参照、天は嘘を言わない、確認せよ、分かる。G7サミットは戦争するための戦争依存症の会議をやっている悪い組織なのである。

（特注）｛大国による、分断を図る安保、安全保障、憲法、兵器開発、核開発、教育、軍事予算等の国際会議等においても、大国の力による分断政策が平和をぶち壊した悪政策｝。米国は戦争依存症国なのである。

私には、自由も平和も民主主義も、抑止力も平和外交のノウハウが頭の中にある。岸信介A級戦犯には徴用工や慰安婦や性加害等の罪を統一教会の文鮮明から追及されたから怖くなり壺売り等のお墨付けを与えて統一教会を岸信介の隣に建設して文鮮明に儲けさせた大犯罪者が岸信介と安倍晋三元総理である。政治犯罪あるから拉致被害者を解決する交渉が北朝鮮と出来なかったのです。

この犯罪拙著「天が善に開運と幸福を授ける」書を発刊して教えたが気付けない？安倍晋三氏の回顧録に「救出」の文字があるだけで、何一つとて「救出」しないで、どうして胸に青リボンを付けているのか？　北朝鮮と晋三氏は一度も交渉しないで、圧力と経済制裁を掛け続けたアホ。A級戦犯の信介と孫の晋三の悪事あるから、拉致問題を解決する交渉もできなかった罪人。岸信介が命を売り米国のポチになり地位協定まで閣議決定したから天から晋三が殺されたのです。

白人の大国の皆さんへ、天神が教えても分からないのか？　戦争して楽しいのですか？

政権交代すれば北朝鮮の拉致問題は簡単に解決可能。A級戦犯岸信介孫の安倍晋三総理が一度も交渉しないから解決できなかった。本書「はじめに」参照。「自社さ」と同じ交渉すれば拉致問題は解決する。真実交渉すれば解決簡単。解決策著発刊済。A級戦犯岸信介の罪をシッカリ検証して米国のポチにさせなければ、安倍晋三は議員になれなかった。天の声。

北朝鮮を馬鹿扱いにするな。

地球人は何のために生きているか？　私が提供していることを分からないのですか？

アメリカが世界をリードしていると言います。経済安全保障、軍事安全保障が大事だとして戦略に知恵を使っていると言います。次の選挙でハリス大統領、トランプ大統領のどちらかが大統領になる。やることが悲しい、経済と軍事が大事。権力者による権力者のために戦い続けて世界をリードしていることを、マスコミを通じて人類を牛耳っている、人間としての根幹の進化がないから悲しいと私が表現しているのです。アメリカは崩壊寸前、末期症状。

アメリカが地球人をリードしたいこと、リードしていること分かりました。それなら戦争しない豊かな地球を構築していただきたいのです。それには（歴史、知識、道徳、秩序、真実、真理が大事）、人として正しく生きるにはどのように生きればよいのでしょうか？

そういったことを、アメリカがしっかり考え公表して守って世界をリードしなければならないのです。

この現実が見えない、やっているのは悪事が止まらない、ウクライナ戦争、イスラエル戦争。

悪政策を実行しているから戦争がなくならないことに気付けない。ハリスやトランプのどちらかが大統領になります。大きな心になって、村山政太郎の拙著を見ていただきたいからたくさん発刊した。好き勝手に戦争して殺害するな。私は地球人類の幸せのために発刊しています。地球の政治権力者は私欲のために金儲けしています。指摘されても止められないのは、戦争依存症だからです。

地球人が貪欲で生き続けてきたから真理社会が分からなくなってしまいました。これまでに権力者の犯罪を真理の心で検証しないから犯罪多発、権力者の犯罪を正しく裁ける機関を構築しないと、人間として生きて行けなくなる。是非お願いします。日本国の場合、A級戦犯の岸信介を検証しないから孫の安倍晋三元総理が大犯罪を作り蔓延《はびこ》ったから、平和憲法も平和経済もダメになり不安心配性になり少子化になったのです。

米国とA級戦犯の岸信介の罪を棚に上げて「北朝鮮」を敵国にしたことが大間違いであるから世が乱れたから権力者を検証しないから悪が蔓延《はびこ》り人としての根幹を失ったから戦争依存症になった。

A級戦犯の元総理の岸信介の犯罪を孫の安倍晋三元総理が「保身した」だけの長期政権でした。闇を明確にしないから罪が歴史に残った、この悪の晋三が大河ドラマ化されることを私は予言しているのです。余りにも悪人だからです。ですから歴史に残しているのです。公文書黒塗りだよ。

政治とカネ事件。政権政治が罪を作り自分で裁く詐欺依存症組織犯罪病者に真理必須。

大災害はアメリカから始まり、日本はフイリピンから天変地異始まるのが天災天罰なのである。


「天の声」。天の予言。本書を熟読して戦争しないで下さい。戦争すれば地球滅びる。
1、「国連で戦争しない議論すれば戦争なくなる」。
2、ウクライナ戦争も台湾戦争も、アメリカによる戦争。戦争を止めるには核戦争してゼレンスキー大統領を殺害して戦争終了する。私の予言です。２０２２年発刊「戦争しない道の自由の女神像」１３９頁参照。アメリカとロシアの白人は戦争依存症で生きているのです。

「法の下、自由で開かれた社会、アジア、インド太平洋、力による変更を許さない」

との言葉が戦争依存症であり台湾戦争誘発なのです。自由で開かれた社会を求めるな。国連で戦争しない議論をすれば戦争なくなる。この天の声を受け入れないと戦争なくならない。

ウクライナ戦争を先に始めたのがロシアでないと天が教えた著。米国が２０１４年に戦争を始めた。「精神の根源は宇宙天にあり」２５６参照。ウクライナ戦争は再起不能になると天が予言したのは十年前です。本物の人間なら深く考えて本当の自由で開かれた社会を構築します。

予言できる人になれ。２０１８年発刊「免疫リンパ細胞若返り手技療法」77頁参照、安倍晋三の犯罪写真、私や妻が関わっていたなら議員も総理も止めるとの公約犯罪証拠写真。

39頁参照、統一教会と創価学会の悪を予言した。今回の闇献金も悪を結託した宗教党。大阪万博もカジノ失敗も晋三への天罰である。

白人は常日頃から自由で開かれた社会を作らずに戦争することを考えて生きるな。米国のトランプ・バイデンの老いぼれには戦いしかない大統領。来年には倒れる運命。

「政治家はカネ依存症の病人」。戦争し天の子を殺した祟りが霊障。戦争しないでい

られない依存症の病人なのだ。（本書を熟読して真理ある本物の人間になれば把握可能）。

全世界の白人政権者が殺人鬼だから世界の人類を幸せにさせない。特に米・英・ロ、ネタニヤフ、安倍晋三及び忖度者が天から祟られた戦争依存症の病人には、自由で開かれた社会構築不可能である。

天が、アメリカへの天罰を予言した。天の声

アメリカは弱国家、世界をリードしたと豪語したが未だにハリケーンの一つにも勝てない天から捨てられた弱国である。

アメリカは未来に夢も希望もない衰退国家、若人が育たない、成長しない老人国家、これまでに何を考えて生きてきたのか？　ハリス・トランプの老人のおいぼれ。

私はこれまでに沢山教えてきたが、自助努力できない下らない国家になり下がった。みっともない国家である。

米国に第二次世界大戦から、A級戦犯の岸信介の犯罪を検証し問わないで米国のポチにさせたことが大問題であることを教え続けたがこれまでに一度も反省しないで国

際社会をブッ壊し続けたことに、**天は米国に対し天罰を下して地獄に落とそうとしています。**

善悪を知らない米国が他国の幸せをブッ壊し「分断させた権力犯罪に天が天罰を下して地獄に落とすことにした」。からこの現実を教えるために本書を発刊したのです。

一例、フセイン、ビンラディン、カダフィ殺害した結果、イラクもアフガニスタンも戦争の爪痕が酷い。これが米国の「**分断戦争社会**」。**ウクライナ戦争、台湾戦争も「米国による分断戦争。ハリスとトランプの戦いが分断戦争。分断で社会崩壊中」天の声。天罰。**

自民党と米国には、「カネよりも、信頼と信用が大事であり大切であることを天が教えただけでなく、安全保障よりも、第二次世界大戦の宝物は憲法九条が大事。これがあったから戦争なかった。一番に大事。国連で戦争しない議論をすれば戦争なくなる。」天の声。

米国の世界リードが政治犯罪。戦争してガラガラポンにしたことが大犯罪であることが分からないのか？一例、イラク戦争、フセイン殺害。アフガニスタン戦争、ビンラディン殺害。リビア戦争、カダフィ殺害。これまで米国は戦争して殺害しガラガラポンにしただけでなくて、平和も民主主義もない国家がアメリカである。この犯罪国の米国を国際社会が**信頼、信用していません。米の政治犯罪を天から見破られてしまいました。**

私が分かりやすく本書に記載したこと。**〔第二次世界大戦のA級戦犯の岸信介をシッカリ検証しないから、アメリカのポチになり騙されて、台湾有事に巻き込まれているのです〕。**

台湾は日本国でない、中国も日本国ではない。先ほども説明したがアメリカには平和も民主主義もない。あるのは戦争して殺害してガラガラポンにするだけの米国、日本国民は**信頼・信用していない。**A級戦犯祖父の犯罪が明かになると**安倍晋三氏が政治家**になれないから米国のポチになった。**米国の本業である、他国を分断させる戦争戦略に安倍晋三氏は自ら無条件で加担してポチになった。**A級戦犯祖父の政治犯罪が明確になれば子孫は**〔国会議員になれない〕**。から米国の言いなりになり**北朝鮮に経済制裁と圧力を掛け続けた獣人。**

この現実を天の代行者として沢山の拙著にて説明したが未だに善悪の判断不可能。日本国与党の国会議員は戦争の苦しみを分かっていない？　私と平和の議論して下さい。

・簡単に台湾有事を強調するな。次の台湾選挙で二つの野党と国民が一緒になり安全生活を求めることになる。米国に平和も民主主義も自由もなく戦争し分断する戦争依存症国家。

・アメリカが遠い他国に出かけて武器を売りつけて儲けてきたから天罰下った。アメリカ国内が天に祟られて「分断社会になった」。この暴動社会を米国が自ら改めないと暴動は永遠に収束しなくなる。米国は村山文学を学び戦争しない法を作り戦争しないで民主主義を作り平和を構築しなさい。

・米国には正義がないこと、これまでの米国は、他国の資源や財産を奪うために、他国を「分断」させてカネ儲けをしてきた、この汚い政治犯罪が天に見抜かれてしまった。真理を学びなさい。

・日本の共産党は考えが違うと批判しますが、私は日本の政党で一番に正しいと思っています。多いにこれから「皆で平和の原点を求めて、シッカリした議論をしましょう」。

・与党国会議員はカネ依存症者と戦争する者ばかり、信用と信頼あれば当選できるからカネ要らない。

・米国に騙されて、ウクライナに援助したこと。ロシア、中国、北朝鮮を敵国にしたことが間違い。戦争をしないこと、戦争を止めさせること。戦争しない心が必須、既存の政権者の心では戦争絶えない。戦争依存症だから戦争やめられないのです。

米国が戦争しないでいられない「戦争依存症国」

米国の「戦争依存症の概要……天は各人に相応しく土地を与えた。白人が天に逆らい先住民を殺害し土地を奪い取ったから白人が天に祟られた。それが戦争依存症国」。最初に「霊障国」を説明する。先住民は（神の子）です。天は（神の子）が殺されたから、天が白人の米系指導者に霊障を与えた。（霊障者になると戦争しないでいられない戦争依存症になる）。先に戦争して先に相手を殺害しないと自分自身が相手に先に殺されてしまう心理ですから、戦争しないでいられないのが、戦争依存症なのですから戦争を止められない。

ですからG7を開催して、次の戦争を模索しているのが米国の仕事なのです。この仕事のことをＡＩで私が〔戦争依存症〕なのだと命名した。ですからＡＩが発表してくれた。

本書第二章（重大４）の絵図をご覧ください。丸の中に各論がある。この各論が〔戦争依存症〕です。神の子を殺したから天に祟られて魘されているから戦争しないでいられないのです。

・拙書「戦争しない道の自由の女神像」第二章50頁参照、［重要一］をご覧くださ い。下部に戦争する道・制裁戦争宿命（地獄）であり、戦いが絶えないのが〔各論〕世界であり〔戦争依存症〕の世界であり次元の低い世界であり「戦争をやめられない戦争依存症国が各論」。（各論の真下に肉体が亡くなってから苦しむ地獄に落ちる）

各論の中での、Ｇ７サミットは戦争する組織。狭い各論の中で戦争依存症の病気になり戦争をやり続けてきたのです。各論の中で、戦争する合言葉、法の下で、自由で開かれたアジアインド太平洋、力による現状変更を許さない。との言葉を天は許さない。私は脅しているのではない。天は戦争をなくしたい。戦争をなくす方法はある。悔い改めよ。天に祈願せよ。天が供養すると戦争がなくなる。天に祈願しなさい。

・天の声。天照大御神の孫ニニギノミコトが大国主大神を殺した。私が日光の二荒山神社に行き祭神が大国主大神だから、天照皇大神のお札を発売するなと教えたら、組織でやっているから修正できないと言います。悪いことは悪いから天が改善を求めた。

いつになっても改善できないから地球人が別天天国に帰天できないのです。

・現在のキリスト教は、キリストを「磔」にして殺した寺院が悪なる現キリスト教。悪いことは悪いから天が改善を求めた。天に祈願せよ。戦争しなくなり戦争なくなる。風邪を引くこともある。病気になることもある。そんな時に深く考えてほしい。乳がんになれば手術するから転移する。これまでの私の神通研究結果。風邪を引くにも病気になるにも、それなりの疲れている病気を作る製造工場がある。病気を作る「病気製造工場」があるからがん等の病気になる。この病気製造工場を施術するとがんなど小さくなる。

近代の西洋医学には素晴らしい優れた医療新開発があるが、絶対に神通治療には勝てない。

人間の実力では「病気製造部工場」を発見することも、癒やすことも不可能な部門である。神通治療施術は肉眼に見えない振魂技術です。この技術で施術すると病気を選ぶことなく全ての病気が改善されています。「近代の西洋医学は各論社会だから病気製造工場を探して癒すことが不可能です」。病気を作る製造部工場があることも、探すことも、癒やすことも各論社会では不可能なのです。

・米軍兵による、沖縄の少女性暴行を隠蔽した。天は許さない。日本国民は声を出せ。日米地位協定は各論の戦争世界だから、戦争しない総論世界を学べ。

・米軍辺野古基地を天が使用不可能にした。天罰を下した。やめないとえらいことになる。

2024年5月28日

村山政太郎

村山 政太郎（むらやま まさたろう）

天津会代表
昭和17年、山形県に生まれる
山形高等専門学校（建築大工）卒業
株式会社日本住宅研究所代表取締役
東京商工会議所会員・練馬山形県人会会員・東海大学白鴎幹事

万物修行と試練体験、天津神威修業中
人間の真の生き方を説き、
多くの人の心身における困難な問題を解決へと導いてきた。
神名：天津旦音閲史父屁御（あまつあさこええつしほへお）
これまでに20冊以上の著書がある。

連絡先
（株）日本住宅研究所 『天津会』
177-0041 東京都練馬区石神井町7－9－3
TEL 03-3995-5924 携帯090-3340-0106
http://www.amatsu.co.jp または「村山政太郎」で検索

政権依存症最悪・末期症状

2024年9月10日 第一刷発行

著 者 村山 政太郎

発行所 ㈱三楽舎プロダクション
〒170-0005 東京都豊島区南大塚3－53－2
大塚タウンビル3階
電話 03-5957-7783 FAX 03-5957-7784

発売所 星雲社（共同出版社・流通責任出版社）
〒112-0005 東京都文京区水道1－3－30
電話 03-3868-3275 FAX 03-3868-6588

印刷所 創栄図書印刷
装 幀 横山 勝
DTP 制作 CAPS

万一落丁、乱丁などの不良品がございましたらお取替えいたします。
小社までご連絡ください。
ISBN978-4-434-34545-6 C0095